Tobias Schöneich

Gewinnen mit Übernahmen

Tobias Schöneich

Gewinnen mit Übernahmen

Die Geldanlage-Strategie für Kapitalsicherung und Gewinn in allen Börsenphasen

Inhalt

Liebe Leserin, lieber Leser!

Herzlichen Glückwunsch zur Bestellung von „Der Übernahme-Gewinner". Mit Ihrer Entscheidung, an den Kursgewinnen der Übernahme-Kandidaten teilzuhaben, liegt Ihr Depot ab sofort in der Erfolgsspur.

Gerade in der aktuellen Börsenphase ist es wichtig, einen Anker im Depot zu haben, der Sicherheit schafft. Kurskapriolen an den weltweiten Aktienmärkten und Euro-Turbulenzen verlieren durch die Bestellung von „Der Übernahme-Gewinner" für Sie an Bedeutung. Egal, in welcher Phase sich der Markt befindet, mit den Übernahme-Kandidaten aus meinen Depots besitzen Sie immer Aktien mit einem hohen Kurspotenzial.

Nutzen Sie die Empfehlungen erfolgreich

Die 3 Depots „Sicherheit & Ertrag", „Extra-Chance" und „Rendite-Turbo" ermöglichen Ihnen, Ihre Verlustrisiken systematisch zu begrenzen und Anlagechancen zu erhöhen. Mit jeder Aufstockung des Großaktionärs am Aktien-Kapital des Übernahme-Kandidaten erhöht sich die Sicherheit der Empfehlung solange, bis der Übernahme-Kandidat vollständig übernommen wurde und Sie die Gewinne risikolos erzielen. Zum genauen Ablauf erfahren Sie in diesem Buch detaillierte Angaben.

Alle Empfehlungen sind durch exakte Kurslimits und unter Angabe der umsatzstärksten Börsenplätze klar definiert. Wenn Sie die ausgesprochenen Kauf- und Verkaufsempfehlungen umsetzen, wird der Erfolg nicht ausbleiben. Seien Sie nicht enttäuscht, wenn einmal eine Übernahme etwas länger dauert, als es zum Zeitpunkt der Analyse zu erwarten war. Die Wartezeit wird oft durch hohe Dividendenrenditen in der Größenordnung von 3 bis 10% pro Jahr versüßt. Darüber hinaus werden Sie per E-Mail mit dem Betreff „Übernahme-Alarm“ unmittelbar in Kenntnis gesetzt, wenn sich an der Börse der nächste große Deal anbahnt.

Sichern Sie Ihre Gewinne ab und bauen Sie Ihr individuelles Sicherheits-Netz

Frühzeitig auf Übernahme-Kandidaten zu setzen, bedeutet für Sie, an den vollen Kurs-Gewinnen teilzunehmen. Ziel ist es im Regelfall, eine Aktie bis zum Squeeze-out (der Großaktionär stockt den Aktien-Anteil auf 100% auf – dazu später mehr) zu halten. Das kann jedoch variieren.

Ist ein Übernahme-Angebot meiner Analyse zufolge bereits so gut, dass eine weitere Nachbesserung unwahrscheinlich ist oder gering ausfallen würde, werde ich Ihnen empfehlen, ein Übernahme-Angebot anzunehmen. Das sind dann die schnellen 30%-Gewinn-Trades, die Sie auch immer wieder mitnehmen können. Rechnen Sie also damit, dass Ihnen nicht jede Übernahme einen Gewinn von 80% bis 100% bringt.

Wie bei allen anderen Investment-Strategien gilt auch hier: Vermeiden Sie es, einen zu hohen Betrag für eine einzelne Empfehlung zu verwenden – auch wenn die Chancen auf einen hohen Gewinn groß sind.

Meine Empfehlung: Versuchen Sie möglichst alle Depot-Positionen abzudecken und investieren Sie nicht nur in einen einzelnen Favoriten. Es ist immer der Anlagen-Mix, der Ihrem Depot Sicherheit verschafft. Gewichten Sie daher Ihre Investments in den drei unterschiedlichen Depots so, dass die Depot-

Aufteilung Ihrem persönlichen Sicherheitsbedarf entspricht. Schichten Sie nach einer längeren Gewinnphase einen Teil des Kapitals in Ihr sicheres Basis-Depot um, oder erhöhen Sie den Bargeld-Anteil, damit Sie Reserven für spätere Käufe haben. Damit lassen Sie einen Teil der Gewinne weiterlaufen und begrenzen gleichzeitig ein eventuelles Verlust-Risiko.

Der 30-Tage-Test ermöglicht Ihnen, die Gewinnchancen des „Übernahme-Gewinners" real und in der Praxis nachvollziehen zu können. Ich wünsche Ihnen viel Erfolg für Ihre Transaktionen.

Ihr

Tobias Schöneich
Chef-Analyst „Der Übernahme-Gewinner"

Tobias Schöneich,
Chefredakteur „Der Übernahme-Gewinner"
Redaktionsleitung www.gevestor.de

Tobias Schöneich ist studierter Betriebswirt und Experte, wenn es um Übernahmegeschäfte und mittelständische Unternehmen geht.

Er ist der Chefredakteur des erfolgreichen Börsendienstes „Der Übernahme-Gewinner" und arbeitet schon seit vielen Jahren mit dem renommierten Analysten Rolf Morrien zusammen. Seine Leser profitieren nicht nur von seinem enormen Börsenwissen, sondern auch von seiner Genauigkeit im Umgang mit Zahlen.

Was den Übernahme-Gewinner so erfolgreich macht

Kein Standard-Börsendienst für „Schönwetterphasen"

„Der Übernahme-Gewinner" unterscheidet sich stark von anderen Börsendiensten. Während sich andere Börsendienste fast ausschließlich auf die fundamentale Bewertung oder charttechnische Verfassung von Aktien konzentrieren, fließen in den hier getätigten Analysen zusätzlich die Aktionärsstruktur und Insider-Deals von Führungskräften der potenziellen Übernahme-Kandidaten ein. Auch wird die Struktur einer ganzen Branche unter die Lupe genommen, wodurch große Chancen erkannt werden, die in den Analysen der anderen Börsendienste fehlen.

Andere Analysten argumentieren oft mit einer Unterbewertung von Aktien. Dadurch ergibt sich in den Augen der Börsendienste ein ausgewogenes Chancen-Risiko-Verhältnis und es wird zum Kauf einer Aktie geraten. Jeder Analyst kann Ihnen aber binnen kürzester Zeit mehrere Dutzend Kaufempfehlungen nennen. Es kommt für Sie als AnlegerInnen aber allein darauf an, dass diese wirklich gut sind.

Fallen die Aktienkurse wie in den Crash-Phasen 2000 bis 2003 und 2007 bis 2009, zeigt sich die wahre Substanz der Analysen. In schlechten Börsenphasen dominieren eher die Risiken und nicht die Chancen. Wenn Sie von mir eine Kaufempfehlung erhalten, dann nur aus dem Grund, weil ich eine echte Investitions-Chance für Sie analysiert habe, nicht, weil ich Werbeseiten mit Anzeigen verkaufen muss wie einige andere Börsendienste.

Gutes Chancen-Risiko-Verhältnis in allen Marktphasen

Mit diesem Börsendienst haben Sie Gewinn-Chancen in allen Marktphasen. Übernahmen gehören zum Alltagsgeschäft an der Börse. Deswegen können Sie auch in schwachen Marktphasen Geld verdienen. Einige Investoren und Großkonzerne nutzen sogar bewusst Krisen, um so günstig Top-Unternehmen aufzukaufen, die in guten Börsenphasen viel zu teuer wären. Denn: Je niedriger der Aktienkurs, desto günstiger die Übernahme. Wer dann Cash hat, kann solide finanzierte Firmen mit Rabatt kaufen.

Der Sicherheitsaspekt ist bei einer Geldanlage immer sehr wichtig. Insbesondere wenn es an den Börsen rund um den Globus nach unten geht, sehnen sich viele Anleger nach einer Geldanlage, die neben einer entsprechenden Rendite auch ausreichend Sicherheit bietet. Mit der Bestellung von „Der Übernahme-Gewinner" haben Sie genau das gefunden.

Wieso „Der Übernahme-Gewinner" sicherer ist

Das Prinzip ist einfach. Als Aktionär von Übernahme-Kandidaten haben Sie im Depot „Sicherheit & Ertrag" ausschließlich Werte, die bereits einen wichtigen Großaktionär als Hauptanteilseigner haben und der mit dem Übernahme-Kandidaten einen Beherrschungs- und Gewinnabführungsvertrag geschlossen hat. Das hat drei unmittelbare Auswirkungen auf den Aktienkurs.

1. Die Erfahrung zeigt: Der Großaktionär will fast immer alle Aktien besitzen, um den Übernahmekandidaten in den Konzern eingliedern zu können. Das ist gut für Sie, da er nach und nach die angebotenen Aktien über die Börse oder durch ein neues Übernahme-Angebot kauft. Um den Aktionären eine Angebotsannahme schmackhaft zu machen, liegen Übernahme-Angebote so gut wie immer über dem Börsenkurs.

2. Durch die Übernahme können Synergien gehoben werden. Dies macht das Unternehmen noch effizienter und steigert den Unternehmenswert. Daher liegen spätere Übernahme-Angebote in der Regel über dem Erstgebot.

3. Im Beherrschungs- und Gewinnabführungsvertrag ist eine Abfindungszahlung festgesetzt, zu der die Aktie während der Annahme-Frist an den Großaktionär abgegeben werden kann.

Häufig wird sogar gegen den Beherrschungs- und Gewinnabführungsvertrag geklagt. Dies ermöglicht Ihnen meistens dann auch nach der eigentlichen Annahme-Frist eine Abgabe an den Großaktionär. Die Aktie hat dann also eine fix Kurs-Untergrenze.

Sie sehen: Ohne komplizierte Tricks können Sie Sicherheit gewinnen und müssen nicht auf hohe Renditen verzichten. Die aktuelle Durchschnittsrendite im Depot „Sicherheit und Ertrag" beträgt 56% (Stand Dezember 2016).

Setzen Sie auf die Doppel-Chance

Investiert wird nur, wenn der fundamentale Rahmen stimmt

In meinem Börsendienst „Der Übernahme-Gewinner" setze ich bewusst auf Unternehmen, die nicht nur Übernahme-Kandidaten sind. Nur wenn auch der fundamentale Rahmen stimmt, wird investiert. Ziel ist es, dass die Investitionen auch dann ein überlegenes Chancen-Risiko-Profil bieten, wenn die Übernahme ausbleibt. So können Risiken deutlich verringert werden. Um dieses Ziel zu erreichen, werden alle Empfehlungen auf Herz und Nieren überprüft. Dabei spielen die Bewertungskennzahlen, die zu erwartende Geschäftsentwicklung und die Finanzkraft des Unternehmens eine tragende Rolle.

Die Übernahme-Strategie ist meines Erachtens anderen Anlage-Strategien überlegen. Sie haben die Chancen auf „normale" Kursgewinne unterbewerteter Aktien und erhalten als Rendite-Treiber die Übernahme-Chance. Es lohnt sich nicht, einer Übernahme-Chance hinterherzujagen. Sie müssen nicht bei jedem Deal dabei sein, um erfolgreich zu investieren. Auf unterbewertete Übernahme-Kandidaten zu setzen ist eine Strategie – und keine Wette.

Übernahme-Kandidaten entlarven

Wie jedoch findet ein Anleger die besten Übernahme-Kandidaten? Zugegeben, dass ist eine sehr aufwendige Arbeit. Fast zu jedem Unternehmen aus dem

SDAX und zu jedem zweiten MDAX-Unternehmen gab es schon einmal Übernahme-Gerüchte. Da diese Unternehmen für die größere Konkurrenz oder für Finanzinvestoren leicht zu übernehmen sind, tauchen in den Medien immer wieder Gerüchte auf. Leider werden auch im Internet oftmals falsche Übernahme-Gerüchte verbreitet, um den Kurs einer Aktie zu pushen.

Bei meiner Arbeit gehe ich den Übernahme-Gerüchten nach und bewerte den Wahrheitsgehalt. Gerade bei Internet-Gerüchten stellt sich dann häufig heraus, dass nur heiße Luft versprüht wird. Einige Gerüchte kann ich durch meine jahrelange Tätigkeit und ein weit verzweigtes Netzwerk nach kurzer Recherche direkt als falsch einstufen. Die Trennung von Fakten und Gerüchten ist enorm wichtig, um nicht in irgendwelche Rohrkrepierer zu investieren. Mein Urteilsvermögen hat sich für die Leser meines Übernahme-Dienstes rentiert. Die Performance der abgeschlossenen Deals liegt im hohen zweistelligen Bereich.

Die Bewertung von Gerüchten ist natürlich nur ein Teil der Arbeit. Ich beobachte zudem permanent verschiedene Branchen und Märkte.

- Wie sieht die Marktstruktur aus? Spricht sie für Übernahmen?
- Stehen die Margen unter Druck?
- Sind Großkonzerne vielleicht sogar zu Übernahmen „gezwungen“, um erfolgreich zu bleiben?
- Rollt eine Übernahme-Welle durch eine bestimmte Branche?
- Welche Auswirkungen haben zurückliegende Deals auf die Konkurrenten? Werden sie auch übernehmen wollen, um die alten Machtverhältnisse wiederherzustellen?
- Welche Unternehmen sind mit dem übernommenen Kandidaten vergleichbar?
- Welche Übernahme-Kandidaten sind für Finanzinvestoren interessant?

So setzen Sie die Übernahme-Strategie um:

Habe ich einen attraktiven Übernahme-Kandidaten ausgemacht, werden Sie per Eilmitteilung informiert. Alle Kaufempfehlungen sind mit den nötigen Informationen wie Kauflimit, Börsenplatz und Wertpapierkennnummer (WKN) versehen.

Der Übernahme Gewinner

Die sicherste Strategie mit Aktien Geld zu verdienen

+++ Neuempfehlung +++ Derby Cycle (WKN: A1H6HN / ISIN DE000A1H6HN1) kaufen +++ Limit 20,50 Euro +++ Börsenplatz Xetra +++

Liebe Leser,

der Fahrradhersteller Derby Cycle hat einen neuen Großaktionär, der mehr will als nur eine Beteiligung. Der holländische Derby-Konkurrent Accell hat seinen Aktien-Anteil auf 22% ausgebaut und wird versuchen, Derby zu übernehmen. Wir müssen einsteigen, bevor das Übernahme-Angebot auf den Tisch kommt und heute ist der Zeitpunkt günstig.

Nach durchgehender Prüfung des Unternehmens habe ich festgestellt, dass es sich bei Derby Cycle um einen Übernahme-Kandidaten handelt, der günstig bewertet ist. Diese Doppel-Chance entspricht genau unserer Strategie und darf nicht ignoriert werden.

Es ist gut möglich, dass Accell schon bald einen feindlichen Übernahme-Versuch starten wird. Kommt es dazu, dürfte die Offerte mit einer Übernahme-Prämie von mindestens 30% (26,65 Euro) einhergehen. Meine Analyse für Derby Cycle als alleinstehendes Unternehmen hat einen fairen Wert von 25 Euro ergeben, was zu einem Übernahme-Versuch um die 27 Euro-Marke passen würde.

Wie lange eine Investition gehalten wird, hängt von der Bewertung der Aktie ab. Kommt es zu einer Übernahme, kann in wenigen Wochen ein hoher Gewinn realisiert werden.

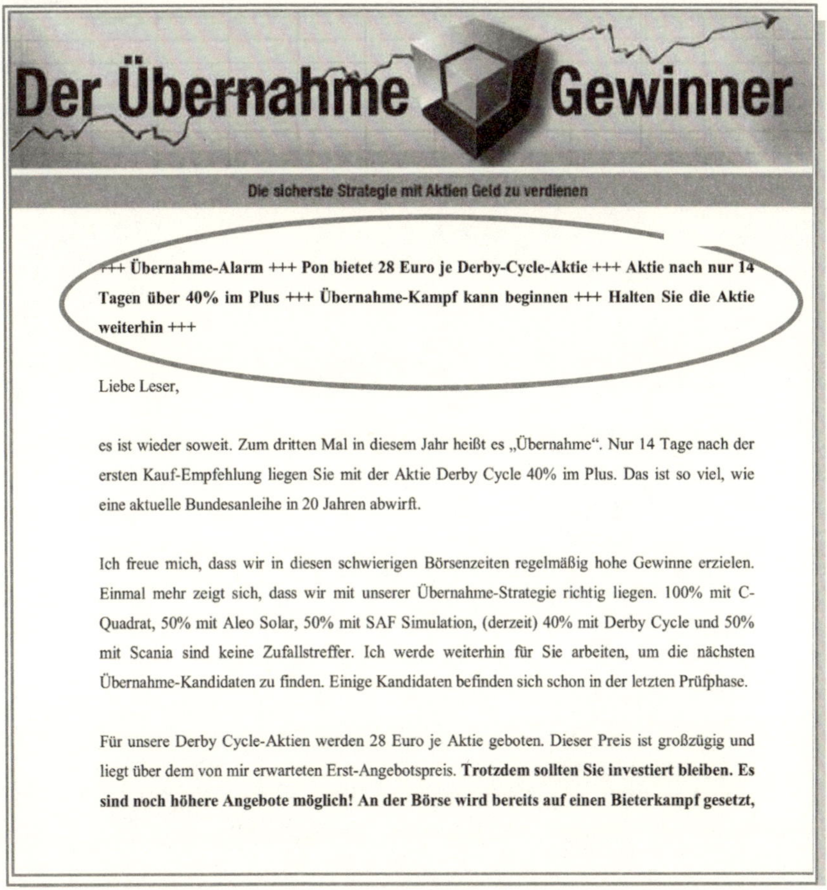

Der Übernahme Gewinner

Die sicherste Strategie mit Aktien Geld zu verdienen

+++ Übernahme-Alarm +++ Pon bietet 28 Euro je Derby-Cycle-Aktie +++ Aktie nach nur 14 Tagen über 40% im Plus +++ Übernahme-Kampf kann beginnen +++ Halten Sie die Aktie weiterhin +++

Liebe Leser,

es ist wieder soweit. Zum dritten Mal in diesem Jahr heißt es „Übernahme". Nur 14 Tage nach der ersten Kauf-Empfehlung liegen Sie mit der Aktie Derby Cycle 40% im Plus. Das ist so viel, wie eine aktuelle Bundesanleihe in 20 Jahren abwirft.

Ich freue mich, dass wir in diesen schwierigen Börsenzeiten regelmäßig hohe Gewinne erzielen. Einmal mehr zeigt sich, dass wir mit unserer Übernahme-Strategie richtig liegen. 100% mit C-Quadrat, 50% mit Aleo Solar, 50% mit SAF Simulation, (derzeit) 40% mit Derby Cycle und 50% mit Scania sind keine Zufallstreffer. Ich werde weiterhin für Sie arbeiten, um die nächsten Übernahme-Kandidaten zu finden. Einige Kandidaten befinden sich schon in der letzten Prüfphase.

Für unsere Derby Cycle-Aktien werden 28 Euro je Aktie geboten. Dieser Preis ist großzügig und liegt über dem von mir erwarteten Erst-Angebotspreis. **Trotzdem sollten Sie investiert bleiben. Es sind noch höhere Angebote möglich! An der Börse wird bereits auf einen Bieterkampf gesetzt,**

Nach der Übernahme-Offerte wird die Investition erneut bewertet. Ist der Preis meiner Analyse zufolge angemessen, nehmen wir die Gewinne mit und konzentrieren uns auf einen neuen Übernahme-Kandidaten. Doch nicht immer ist das Erstangebot fair. Wenn meine Analyse ergibt, dass der Preis nicht angemessen ist, bleiben wir investiert. Eine Übernahme-Prämie von 40% ist natürlich sehr verlockend – sollte jedoch ausgeschlagen werden, wenn der Gewinn 60% oder mehr betragen kann. In meinem Übernahme-Depot befindet sich die P&I-Aktie. Es hat sich gelohnt, die Übernahme-Offerte auszuschlagen. Die Aktie liegt mittlerweile 420% im Plus. Erst wenn ein Unternehmen komplett übernommen wurde oder das Kurspotenzial ausgereizt ist, empfehle ich den Verkauf.

Vom Erstgebot bis zum Squeeze-out: Der Ablauf einer Übernahme

Phase I: Der erste Hinweis auf eine Übernahme – Wichtige Meldeschwellen

Wenn Sie das Börsengeschehen in den Medien verfolgen, stoßen Sie regelmäßig auf Mitteilungen, dass ein Großaktionär bei einem Unternehmen „die Schwelle von 3%" überschritten hat. Wozu der Hinweis? Welche Auswirkungen hat das für Sie als Aktionär?

§ Bei diesen Pflicht-Mitteilungen handelt es sich um eine Stimmrechtsmitteilung nach §21 des Wertpapierhandelsgesetzes. Wenn ein Unternehmen 3% der Aktien eines anderen Unternehmens besitzt, muss es europaweit diese Information zugänglich machen (Mitteilungspflicht). Diese Meldung hat unverzüglich, spätestens innerhalb von vier Handelstagen zu erfolgen.

Das hat erst einmal für Sie als Aktionär keine direkte Auswirkung.

„Anschleichen" als Übernahme-Taktik

Seit der Verabschiedung des Gesetzes zur verbesserten Transparenz der Kapitalmärkte gelten 3, 5, 10, 15, 20, 25, 30, 50 und 75% als Meldegrenze. Mit der Verschärfung des bestehenden Gesetzes soll die Beteiligungstransparenz gestärkt und ein unbemerktes „Anschleichen" an Unternehmen erschwert werden.

Unter „Anschleichen" versteht man, dass ein Unternehmen oder ein Investor heimlich eine größere Beteiligung an einem anderen Unternehmen über die Börse aufbaut. Dabei werden zum Beispiel über verschiedene Banken

Aktienpakete erworben, sodass die Zielgesellschaft von der Übernahme erst spät erfährt und nur eingeschränkt Gegenmaßnahmen ergreifen kann. Um zu erschweren, dass ein Unternehmen plötzlich und ungewollt zu Tiefstpreisen den Besitzer wechselt, wurde das Gesetz verschärft.

Eine Verletzung der Mitteilungspflicht – wenn Meldeschwellen erreicht werden – wird bei Vorsatz mit einer Geldbuße von bis zu 200.000 € bestraft.

Denn hätte der Großaktionär seinen Einstieg verkündet, wären die Aktien für ihn teurer gewesen. Das Unternehmen und die betroffenen Aktionäre sollen also frühzeitig darauf vorbereitet werden, dass ein Großaktionär oder Finanzinvestor einsteigt und unter Umständen sogar eine Übernahme plant.

Denn: Hätte der Großaktionär seinen Einstieg verkündet, wären die Aktien für ihn teurer gewesen.

Strategische Beteiligung versus Übernahme

Aus der Mitteilungspflicht eines Unternehmens mit Aktienbeteiligungen unter 30% auf eine Übernahme zu schließen, ist für Laien fast unmöglich. Es bedarf langjähriger Erfahrung und intensivster Analyse, um zwischen einer strategischen Beteiligung und einer sich abzeichnenden Übernahme zu unterscheiden.

Wird fälschlicherweise auf eine Übernahme gesetzt, obwohl es sich nur um eine strategische Beteiligung handelt, ist das Kurs-Potenzial begrenzt. Ein Indiz für eine Beteiligung und nicht für eine bevorstehende Übernahme ist beispielsweise die sogenannte Kreuzbeteiligung.

Halten zwei Unternehmen wechselseitig Aktienpakete des anderen Unternehmens, steht keine Übernahme bevor. Solche Beteiligungen werden meist getätigt, um gemeinsame Forschungsprojekte durchzuführen und somit Kosten zu sparen.

Wird fälschlicherweise auf eine strategische Beteiligung gesetzt, obwohl eine Übernahme ansteht, kann es für einen günstigen Kauf der Aktie schon zu spät sein. Ein Indiz für eine Übernahme ist beispielsweise das sukzessive Aufstocken der Beteiligung durch den Großaktionär.

> **!** **Sie werden die Werte aus frühen Übernahmephasen im Depot „Rendite-Turbo“ oder „Extra-Chance“ finden.**

Phase II: Pflichtangebot bei Kontroll-Übernahme

Aus dem Gesetz zur verbesserten Transparenz der Kapitalmärkte ging hervor, dass ein Unternehmen auch bei Erreichen der Schwelle von 30% eine Mitteilungspflicht hat. Diese Grenze, auch „Kontrollübernahme“ genannt, spielt bei Übernahmen eine bedeutende Rolle.

Die Grenze von 30% orientiert sich an Regelungen in anderen europäischen Staaten und ist zugleich die durchschnittliche Hauptversammlungsanwesenheit von Aktionären deutscher Unternehmen. Innerhalb von 4 Wochen nach der Veröffentlichung der Kontrollübernahme muss das übernehmende Unternehmen dann bei der Bundesanstalt für Finanzdienstleistungsaufsicht (BaFin) eine entsprechende Übernahme-Angebotsunterlage mit der Höhe eines Pflichtangebots einreichen.

Höhe des Pflichtangebots

Der Käufer, auch Bieter genannt, muss aufgrund des Gleichbehandlungs-Grundsatzes allen Aktionären der Zielgesellschaft das gleiche Angebot zur Übernahme ihrer Aktien unterbreiten, wenn er die Schwelle von 30% überschreitet. Damit soll gewährleistet werden, dass bei einem Kontrollwechsel alle Aktionäre die Möglichkeit haben, ihre Beteiligung zu einem „angemessenen“ Preis abzugeben. Das erste Angebot führt allerdings nur selten zu einer direkten Komplett-Übernahme. Bei der Bestimmung der angemessenen Gegenleistung wird grundsätzlich der durchschnittliche Börsenkurs der letzten 3 Monate herangezogen. Da die übernehmende Gesellschaft möglichst viele Aktien kaufen möchte, **liegt das erste Übernahme-Angebot erfahrungsgemäß rund 30% über dem letzten Börsenkurs.** Sie als Aktionär sind aber nicht verpflichtet, ein Übernahmeangebot zwingend anzunehmen.

Die Nichtannahme eines Übernahmeangebots hat keine rechtlichen Nachteile. Die Angebotsfrist dauert im Regelfall mindestens vier und höchstens zehn Wochen. Während dieser Zeit können Sie Ihre Aktien zum festgesetzten Preis mit einem hohen Gewinn an den Bieter verkaufen, oder aber die Aktien halten und auf ein noch besseres Angebot warten. „Der Übernahme-Gewinner" wird jeweils eine konkrete Empfehlung aussprechen.

Annahme und Ablehnung des Übernahme-Angebots

Ich werde für Sie analysieren, wann die Annahme eines solchen Angebots sinnvoll ist. Von Fall zu Fall kann es gut sein, ein Übernahmeangebot auszuschlagen. Das ist insbesondere dann der Fall, wenn ein Unternehmen in schwachen Marktphasen versucht, ein anderes zu Tiefstpreisen zu übernehmen.

Ergibt meine Analyse, dass der Preis nicht ausreichend ist, rate ich Ihnen, auf eine Verbesserung des Angebots zu setzen. Ergibt meine Analyse, dass mit dem vorliegenden Angebot das Kurspotenzial einer Aktie ausgeschöpft ist, rate ich Ihnen zum Verkauf und zur Gewinnmitnahme. Es ist nämlich nicht immer gut, auf eine Verbesserung des Angebots zu setzen.

Wird die Übernahme für den Bieter zu teuer, besteht das Risiko, dass der Übernahme-Versuch misslingt und die Übernahme überhaupt nicht stattfindet. Als logische Konsequenz bricht dann der Aktienkurs zusammen.

! Sie werden die Werte aus dieser Phase im Depot „Extra-Chance" finden. Optionen und Hebel-Zertifikate zu den Werten finden Sie im Depot „Rendite-Turbo". Erfahrungsgemäß liegt das Übernahme-Angebot 30% über dem letzten Börsenkurs.

Phase III: Die ¾-Mehrheit

In der zweiten Phase einer Übernahme haben Sie erfahren, dass bei Erreichen der 30%-Schwelle der Hauptaktionär (Bieter) ein Pflichtangebot an die Aktionäre unterbreiten muss. Wenn genügend Aktionäre ihre Aktien verkaufen, sodass der Bieter dadurch auf 75% der Stimmrechte kommt, hat das erneut Auswirkungen auf das von der Übernahme betroffene Unternehmen.

Wichtige Entscheidungen einer Aktiengesellschaft benötigen die Zustimmung der Aktionäre. So kann beispielsweise eine Kapitalerhöhung oder ein Unternehmensvertrag nur dann genehmigt werden, wenn mindestens 3/4 der stimmberechtigten Aktionäre der Maßnahme zustimmen. Besitzt ein Hauptaktionär 3/4 der Stimmrechte, kann er also beides allein durchsetzen.

Durch Abschluss eines Beherrschungsvertrags kann er sogar die Leitung der übernommenen Gesellschaft aufnehmen.

Der Beherrschungsvertrag und der Gewinnabführungsvertrag

Kommt es zu diesem Beherrschungsvertrag, entsteht ein sogenannter Unterordnungs-Konzern. Das übernehmende Unternehmen ist dann berechtigt, dem Vorstand des übernommenen Unternehmens Anweisungen zu geben.

Zusätzlich kommt es meist noch zu einem Gewinnabführungsvertrag. Durch den Gewinnabführungsvertrag verpflichtet sich das übernommene Unternehmen, den Gewinn an das herrschende Unternehmen voll abzugeben. Im Gegenzug tritt die Verpflichtung zur Verlustübernahme ein. Das herrschende Unternehmen muss während der gesamten Vertragsdauer jeden entstehenden Verlust ausgleichen.

Für Sie als Aktionär spannend und attraktiv: Die verbliebenen Aktionäre einer solchen beherrschten Firma haben dann ein solides Investment. **In einem Beherrschungs- und Gewinnabführungsvertrag wird nämlich festgelegt, wie hoch die jährliche Ausgleichszahlung (= Garantie-Dividende) ist und zu**

welchem Kurs die Aktien während des Vertrags an die übernehmende Firma abgegeben werden können.

Damit ist für Sie das Risiko, Kursverluste zu erleiden, nach unten begrenzt und zugleich eine jährliche Dividende gesichert – egal, ob das Unternehmen Gewinne oder Verluste macht.

Ein Großaktionär, der bereits 75% der Aktien eines Unternehmens besitzt, will fast immer auch die restlichen Anteile kaufen. Daher folgt regelmäßig eine Nachbesserung des Erstgebots durch den Großaktionär. Parallel erwirbt der Großaktionär auch Anteile über die Börse.

! Aufgrund der geringen Kursschwankungen werden Sie solche Aktienwerte im Depot „Sicherheit & Ertrag" finden. Erfahrungsgemäß steigt der Aktien-Kurs in dieser Phase um weitere 20% über das Erstgebot.

Phase IV: Herausdrängen der Aktionäre durch Squeeze-out

In dieser vierten Phase nimmt der Großaktionär auch noch die verbliebenen Aktien vom Markt. Da es für einen Großaktionär jedoch unmöglich ist, von jedem einzelnen Aktionär die Anteile zu erwerben, reichen für eine Komplett-Übernahme in Deutschland 95% der stimmberechtigten Aktien. Diese Grenze wurde eingeführt, um unter anderem Erpressungen durch einzelne Aktionäre entgegenzuwirken.

Erreicht er diese Schwelle, steht einem Squeeze-out-Beschluss auf der nächsten Hauptversammlung oder auf einer außerordentlichen Hauptversammlung nichts mehr im Weg.

Ein Squeeze-out bezeichnet das Herausdrängen von Minderheitsaktionären. Hart ausgedrückt: Squeeze-out ist eine Aktionärs-Enteignung gegen Abfindung. Aktionäre der übernommenen Firma müssen ihre Aktien zu einem festgesetzten Preis verkaufen.

Zwar können noch gerichtliche Anfechtungsklagen den Zwangsausschluss verhindern, jedoch schiebt das den Squeeze-out lediglich hinaus.
Haben Sie aber keine Angst vor einem Squeeze-out. Im Gegenteil! Oft ergeben sich zusätzliche Kursgewinne, wenn der Großaktionär langjährige Gerichtsverhandlungen vermeiden will. Diese können vermieden werden, wenn sich der Großaktionär sehr großzügig zeigt und Ihnen als Aktionär eine sehr attraktive Abfindung zahlt.

Anfechtungsklagen und Ausbuchung der Aktien

Die Anfechtungsklagen werden meist von Aktionären erhoben, die darauf hoffen, dass das Unternehmen sie bezahlt, damit die Klage zurückgezogen wird. Stellt sich jedoch heraus, dass der Aktionär lediglich versucht, das Unternehmen mit dieser Klage zu erpressen, kann der Kläger schnell zum Beklagten werden und muss eine Strafe zahlen. So soll ein Missbrauch verhindert werden.

Wenn ein Squeeze-out-Beschluss der Hauptversammlung erfolgreich umgesetzt werden konnte, werden die Aktien der verbliebenen Aktionäre zwangsweise ausgebucht. Im Gegenzug fließt eine Barabfindung. Die Untergrenze des Abfindungspreises bemisst sich auch hier wieder an dem 3-Monats-Durchschnittskurs vor dem Beschluss.

Spruchstellenverfahren

Nach Abschluss des Squeeze-outs ist das Kapitel Übernahme häufig weder für Aktionär noch für die übernehmende Gesellschaft beendet. Oft gibt es eine unterschiedliche Auffassung über die Festsetzung der „angemessenen“ Abfindung.

Zur Festsetzung der „angemessenen“ Abfindung engagiert das Unternehmen einen Wirtschaftsprüfer, der den fairen Wert des Unternehmens berechnen soll. Da der faire Wert insbesondere von der zukünftigen Geschäftsentwicklung und den kalkulatorischen Kosten abhängt, haben die freien Aktionäre und der Großaktionär unterschiedliche Prognosen bezüglich zukünftiger Überschüsse aus Einnahmen und Ausgaben.

In diesem Fall wird die Spruchstelle als neutrale Instanz hinzugezogen und berechnet erneut den fairen Abfindungspreis. Oft bietet der Großaktionär dann freiwillig einen größeren Aufschlag von ca. 30% auf den Squeeze-out-Beschluss, um das Verfahren zu beenden. Grund: Für den Großaktionär treten 2 Risiken auf.

1. Das lästige Verfahren kann sich über mehrere Jahre erstrecken und kostet Geld.

2. Der neu ermittelte faire Wert kann deutlich über dem Abfindungspreis aus dem Squeeze-out liegen.

Für Sie als Aktionär gibt es keinen Handlungsbedarf. Es gibt eine Vielzahl von Interessengemeinschaften, die nach einem Squeeze-out eine Klage einreichen.

Das Gesetz sieht vor, dass alle Aktionäre gleich behandelt werden müssen. Deswegen gilt sowohl die Nachbesserung als auch die Entscheidung der Spruchstelle unabhängig von einer Klage. Sie gewinnen automatisch!

Aus der eigenen Erfahrung kann ich sagen: Es ist ein schönes Gefühl, wenn Sie 1 oder 2 Jahre nach der Depot-Ausbuchung der Aktie plötzlich eine lukrative Geldzahlung vom Großaktionär erhalten.

Sie verlieren also nicht Ihren Anspruch und bekommen die volle Höhe der letztlich gezahlten Abfindung. Darüber hinaus erhalten Sie zusätzlich eine attraktive Zinszahlung als Entschädigung für die Wartezeit. Für den Großaktionär kann es daher teuer werden, wenn das Verfahren mehrere Jahre dauert.

! Bis zum Abschluss des Squeeze-out-Verfahrens befinden sich Aktien der vierten Phase im Depot „Sicherheit & Ertrag". Erfahrungsgemäß liegt die endgültige Abfindungszahlung noch einmal ca. 30% über den vorherigen Geboten. In Einzelfällen sogar wesentlich höher.

Warum sich der Aufwand für den Großaktionär trotzdem rechnet

Angesichts dieses Marathonlaufs bis zur vollständigen Übernahme stellt sich die Frage, warum ein Großaktionär sich nicht mit 75% oder 90% der Aktien begnügt. Schließlich kann er dann durch den Beherrschungsvertrag die Kontrolle des „Unterordnungs-Konzerns“ übernehmen und mit seiner ¾-Mehrheit einen Gewinnabführungsvertrag abschließen.

Für eine vollständige Übernahme sprechen zwei Gründe:

1. Durch die vollständige Übernahme hat der Großaktionär nicht nur die Kontrolle, sondern vollständige Entscheidungsfreiheit (Verschmelzung mit dem Mutterkonzern oder anderen Tochterunternehmen).
2. Die Übernahme bedeutet eine enorme Kostenersparnis. Geschäftsberichte, Hauptversammlungen und die Kosten für die Börsennotierung fallen weg.

Wann Sie einsteigen sollten

Jeder Investor hat seine persönliche Risikoneigung. Es gibt hierbei kein Richtig oder Falsch. Kommt für Sie ein Engagement in Phase I oder II zu früh, können Sie auch noch in den späten Phasen III und IV sehr gute Investitionsmöglichkeiten finden. In diesen Phasen ist ein Scheitern der Übernahme praktisch ausgeschlossen.

Investoren, die maximale Kurs-Gewinne von 80% oder 100% erzielen möchten, müssen frühzeitig investiert sein. Dafür kann eine Übernahme im frühen Stadium auch scheitern. Erfolgt jedoch die Übernahme, kann gleich mehrfach mit Kurssprüngen gerechnet werden.

1. Beim ersten Übernahmeangebot des neuen Großaktionärs (das erste Angebot liegt oft rund 30% über dem letzten Börsenkurs)
2. Beim Versuch des Großaktionärs, durch ein erhöhtes Angebot auf die Annahmequote von 95% zu kommen (oft rund 20% über Erstgebot).

3. Kurz vor einem möglichen Abfindungsprozess oder durch ein gerichtliches Urteil (nochmals rund 30%).

Im Endeffekt zahlt der neue Alleineigentümer am Ende einen Preis, der erfahrungsgemäß 30% bis 100% über dem Kurs vor dem ersten Übernahmeangebot liegt. Übernahme-Kandidaten gehören daher zu den attraktivsten Aktien-Chancen. Der Zwangsausschluss wird Ihnen mit viel Geld versüßt.

Beispiel zum Übernahme-Ablauf

Meine Analyse hat ergeben, dass im Bankensektor eine Übernahmewelle stattfinden wird und die Müllerbank AG Übernahme-Kandidat ist. Die Müllerbank-Aktie notiert zu diesem Zeitpunkt bei 20 Euro (Phase I). Kurze Zeit später tritt die Meierbank AG an die Aktionäre der Müllerbank heran und unterbreitet ein Übernahmeangebot in Höhe von 26 Euro (+30% – Phase II). Viele institutionelle Investoren halten das Übernahmeangebot für angemessen und verkaufen an den neuen Großaktionär.

Oft ist es so, dass die schwerfälligen Fonds die Angebote annehmen müssen und nicht auf eine Nachbesserung setzen können. Grund dafür ist, dass Fonds Kriterien wie beispielsweise Mindestanforderungen an Streubesitz und Liquidität einhalten müssen und deswegen nicht so flexibel agieren können wie Sie als Privatanleger. Es ist ein Unterschied, ob Sie 100 Aktien oder 1 Million Aktien besitzen. Sie profitieren also vom Zwang der Großen.

Nach dem ersten Übernahmeangebot hält die Meierbank AG 75% der stimmberechtigten Aktien und möchte auf 95% aufstocken (Phase III). Dazu erwirbt sie Aktien über die Börse und verbessert gleichzeitig das Angebot auf 31,20 Euro (+20%).

Nach dem verbesserten Übernahmeangebot hält die Meierbank AG 95% der Müllerbank-Aktien und leitet das aktienrechtliche Squeeze-out ein. ▶

◀ Gegen den Beschluss, die verbliebenen Aktionäre mit einem Abfindungs-Preis von 31,20 Euro herauszudrängen, regt sich Widerstand. Einige Aktionäre rufen die Spruchstelle an, um den fairen Wert der Müllerbank zu ermitteln (Phase IV). Damit die Meierbank AG die Übernahme abschließen kann, erhöht sie das Angebot auf 40,56 Euro (+30%).

Die klagenden Aktionäre nehmen das Angebot an und ziehen ihren Antrag bei der Spruchstelle zurück. Alle vom Squeeze-out betroffenen Aktionäre erhalten eine Nachzahlung inklusive Zinszahlung. Die Übernahme ist abgeschlossen.
In diesem Szenario hätten Sie also bei einem frühzeitigen Einstieg Ihr Geld verdoppelt.

Der Unterschied zwischen Stamm- und Vorzugsaktien

In dem Abschnitt „Vom Erstgebot bis zum Squeeze-out“ habe ich für Sie den Ablauf einer Übernahme und Ihre damit verbundenen Chancen erklärt. Dabei kam immer wieder der Begriff „Stimmrecht“ vor.

Wichtig: Nicht jede Aktie besitzt ein Stimmrecht. Vielleicht haben auch Sie sich schon öfter gefragt, wo der Unterschied zwischen Stamm- und Vorzugsaktie liegt. Das Stimmrecht ist ein wesentlicher Unterschied bei diesen beiden Aktiengattungen.

Stammaktien („Stämme“) sind mit einem Stimmrecht ausgestattet. Deshalb sind sie vor allem bei institutionellen Investoren (Banken, Fonds, Beteiligungsgesellschaften) beliebter als Vorzüge. Wer Stammaktien in seinem Portfolio hält, darf auf der Hauptversammlung sein Votum abgeben. Stammaktionäre haben außerdem ein Rederecht auf der Hauptversammlung.

Vorzugsaktien („Vorzüge“) sind Aktien ohne Stimmrecht. Die Inhaber von Vorzügen werden zwar zur Hauptversammlung eingeladen, dürfen dort aber kein Votum abgeben. Als Ausgleich dafür werden die Aktionäre bei der Dividende bevorzugt behandelt. Sie erhalten oft einen Aufschlag.

Stamm- und Vorzugsaktien im Fall einer Übernahme

Im Zuge von Übernahmen sind zunächst Stammaktien begehrter. Denn es ist das Ziel des potenziellen Käufers, möglichst bald die Stimmenmehrheit auf der Aktionärs-Hauptversammlung zu erringen. Folglich steigt der Kurs von Stämmen am Anfang einer Übernahme meist schneller als der Kurs von Vorzügen.

Nach einem erfolgreichen Übernahmeangebot durch die Stimmenmehrheit spielt sich dann häufig folgendes Szenario ab: Der Käufer versucht alle Aktien des übernommenen Unternehmens aufzukaufen, mit dem Ziel, das Unternehmen von der Börse zu nehmen. Das tut er, um sich die teure Börsennotierung zu sparen. In einem solchen Fall muss er auch den Inhabern von Vorzügen einen angemessenen Preis für ihre Aktien bieten.

In der Vergangenheit hat sich oft gezeigt: Einen Kursabschlag von 30% oder mehr im Vergleich zu den Stammaktien müssen sich die Vorzugsaktionäre nicht bieten lassen. Meist sprechen die Gerichte ihnen bei der Zwangsabfindung einen höheren Kurswert ihrer Aktien zu, auch deswegen, weil sie mangels Stimmrechts auf der Hauptversammlung gar keine Chance hatten, gegen die Komplettübernahme zu votieren.

Es kann sich also lohnen, eine im Vergleich zu den Stammaktien deutlich unterbewertete Vorzugsaktie zu kaufen. Große Kursunterschiede zwischen Stamm- und Vorzugsaktien haben bei einer Übernahme in der Regel keinen Bestand.

Beispiel: Der Haarpflegespezialist Wella
2003 übernahm der Konsumgüterkonzern Procter & Gamble das auf Haarpflege spezialisierte börsennotierte Darmstädter Unternehmen Wella. Den Inhabern von Stammaktien hatte Procter & Gamble 92,25 Euro geboten. Für Vorzüge wollte der Konzern nur 65 Euro zahlen. Zu wenig, entschieden die Minderheitsaktionäre, allen voran der Hedgefonds Elliot und die Sparkassen-Fondsgesellschaft Deka.

Sie ließen es auf einen Streit ankommen. Und tatsächlich besserte Procter & Gamble nach: 72,86 Euro lautete das Angebot ein knappes Jahr später. Mitte Dezember 2005 verfügte Procter & Gamble über eine Mehrheit von 95% - genug also, um ein Squeeze-out durchzuführen. 80,37 Euro bot der Konzern jetzt sowohl für Stamm- als auch für die Vorzugsaktien.

Der Kauf der günstigeren Aktiengattung (in diesem Fall die Wella-Vorzüge) hat sich also auch noch nach dem ersten Übernahmeangebot prächtig ▶

◀ ausgezahlt. Immerhin bedeutete das dritte Angebot von Procter & Gamble aus dem Jahr 2007 einen Aufschlag von fast 24% gegenüber den ursprünglich angebotenen 65 Euro pro Vorzugsaktie.

Zusammenfassend: Kaufen Sie in frühen Übernahmephasen die stimmberechtigten Stammaktien und im fortgeschrittenen Stadium die günstigeren Vorzüge. „Der Übernahme-Gewinner" hat daher für Sie stets beide Aktiengattungen im Blick.

So befindet sich im Depot „Sicherheit und Ertrag" die vielen Anlegern unbekannte MAN-Vorzugsaktie. Nach der Erst-Offerte durch VW war der Preisunterschied der beiden Aktiengattungen unverhältnismäßig groß und wir stiegen ein. Mittlerweile kosten beide Gattungen fast gleich viel und die MAN-Vorzugsaktie liegt über 100% im Gewinn. Auch bei der WMF-Übernahme konnte ich mit meinen Lesern aufgrund eines großen Bewertungsunterschied zwischen Stamm- und Vorzugsaktie 70% Gewinn erzielen.

Wie sich die Kurse von Stamm- und Vorzugsaktien im Vergleich zueinander entwickeln

Eigentlich sollten Stamm- und Vorzugsaktien annähernd den gleichen Kurswert haben. Schließlich repräsentieren sie normalerweise den gleichen Anteil an einem Unternehmen. Mit seinen Aktien besitzt also jeder Aktionär einen bestimmten Anteil am Grundkapital des betreffenden Unternehmens.

Für Unternehmen, die sowohl Stamm- als auch Vorzugsaktien ausgegeben haben, bilden die Nennwerte beider Aktiengattungen zusammen das Grundkapital. Bei einem idealtypischen Verlauf dürfte im Kurs der Stammaktien allenfalls ein kleiner Aufschlag für das Stimmrecht enthalten sein, das Stammaktionäre haben und Vorzugsaktionäre nicht.

Tatsächlich aber gibt es oft mehr oder weniger große Abweichungen von dieser Regel. Die Kurse von Stamm- und Vorzugsaktien entwickeln sich manchmal weit auseinander, wie die folgende Tabelle zeigt.

Stamm- und Vorzugsaktien im DAX, MDAX und SDAX					
Name	Stamm/ Vorzug	Index	WKN	Kurs 2.11.2009	Differenz*
BMW	Stamm	DAX	519000	33,30 €	48,72%
BMW	Vorzug	–	519003	22,39 €	
FMC	Stamm	DAX	578580	32,95 €	3,36%
FMC	Vorzug	–	578583	31,88 €	
Fresenius	Stamm	–	578560	33,86 €	
Fresenius	Vorzug	DAX	578563	39,51 €	16,69%
Henkel	Stamm	–	604840	26,64 €	
Henkel	Vorzug	DAX	604843	30,96 €	16,22%
MAN	Stamm	DAX	593700	55,98 €	35,64%
MAN	Vorzug	–	593703	41,27 €	
Metro	Stamm	DAX	725750	37,76 €	25,45%
Metro	Vorzug	–	725753	30,10 €	
RWE	Stamm	DAX	703712	59,70 €	11,80%
RWE	Vorzug	–	703714	53,40 €	
VW	Stamm	DAX	766400	110,64 €	63,50%
VW	Vorzug	–	766403	67,67 €	
Boss	Stamm	–	524550	21,40 €	
Boss	Vorzug	MDAX	524553	25,30 €	18,22%
Fuchs Petrolub	Stamm	–	579040	51,45 €	
Fuchs Petrolub	Vorzug	MDAX	579043	55,80 €	8,45%
Biotest	Stamm	–	522720	43,00 €	5,13%
Biotest	Vorzug	SDAX	522723	40,90 €	
Dyckerhoff	Stamm	–	559100	45,89 €	9,26%
Dyckerhoff	Vorzug	SDAX	559103	42,00 €	

*Differenz = Kursaufschlag der jeweils höher bewerteten Aktiengattung in Prozent.
Beispiel: Die BMW-Vorzugsaktie müsste um 48,72% steigen, um das Kursniveau der Stammaktie zu erreichen.

Wie und wo Sie Wertpapiere am besten kaufen

Wie Sie die richtige Bank finden

Ich empfehle Ihnen, trotz eines möglicherweise bereits vorhandenen Depotkontos bei Ihrer Hausbank vor Ort, ein Konto bei einer Direktbank einzurichten. Das ist besonders dann vorteilhaft, wenn Sie als Anleger

- sehr engagiert sind und Ihr Depot häufig umschichten,
- auf eine schnellstmögliche Abwicklung Ihrer Aufträge Wert legen,
- das Internet zur Auftragsvergabe und -überwachung nutzen und
- regelmäßig auch Hebel-Instrumente nutzen wollen, deren Kurse sich sekundenschnell erheblich ändern können.

Denken Sie dabei daran, dass sich die in der Übersicht genannten Eckdaten innerhalb weniger Wochen verändern können. Das gilt beispielsweise auch und vor allem für die von den Direktbanken häufig nur zu Werbezwecken angebotenen höheren Zinsen auf nicht eingesetzte Mittel Ihres Dispositionskontos. Es betrifft grundsätzlich aber auch das übrige Leistungsspektrum der Banken.

Um sich über den jeweils aktuellen Stand der Konditionen der Direktbanken, Discountbroker und großen Privatbanken zu informieren, nutzen Sie die Möglichkeiten, sich telefonisch oder auch über das Internet ein genaues Bild zu machen.

Wichtige Kriterien sind: Ordergebühren, die Möglichkeit, innerhalb eines Tages zu kaufen und verkaufen (Intraday Handel) und die Limitgebühren.

Direkthandel per Internet

Am einfachsten ist die Orderaufgabe per Internet. Hier können Sie schnell und kostengünstig Ihren Auftrag aufgeben. Aus der Tabelle auf der vorhergehenden Seiten können Sie entnehmen, dass gerade die Direktbanken diesen Weg favorisieren. Ihr Vorteil: Sie müssen nicht Stunden oder bis zum nächsten Tag warten um zu sehen, ob und zu welchem Kurs Ihre Order ausgeführt wurde.

Speichern ...

Speichern Sie Ihren Auftrag und später auch die Auftragsbestätigung der Bank. In der Regel sind hier alle Ihre Angaben vermerkt. Schon kurze Zeit später können Sie in Ihrem Depot sehen, zu welchem Kurs Ihr Auftrag ausgeführt wurde oder später bei Erreichen der Limits verbucht wird.

... und prüfen

Jede Verspätung bei der Kauf- oder Verkaufsabwicklung kann Sie bares Geld kosten. Prüfen Sie daher immer, ob Ihr Auftrag auch ausgeführt wurde. Nur weil Sie Ihre Order abgeschickt haben, heißt das noch lange nicht, dass der Auftrag von der Bank auch an die Börse weitergeleitet wurde.

Besonders wichtig ist die Dokumentation Ihres Auftrags, wenn Sie am Sekundenhandel (DAB-Bank), Pip (Deutsche Bank) oder wie auch immer der direkte Handel bei der jeweiligen Bank genannt wird, teilnehmen. Bei dieser Handelsart stellt Ihnen die Bank für wenige Sekunden einen garantierten Kurs. Sie können entscheiden, ob Sie Ihre Order zu dem gestellten Kurs ausführen lassen oder ob Sie sich später einen neuen Kurs stellen lassen, der dann mehr Ihren Vorstellungen entspricht. Wenn Sie das Angebot annehmen und bestätigen, wird Ihre Order zu dem gestellten Kurs garantiert ausgeführt.

Orderaufgabe per FAX oder telefonisch

Ich empfehle Ihnen, nur solche Haus- und Direktbanken zu nutzen, bei denen Sie die Möglichkeit haben, Ihre Aufträge auf jeden Fall (auch) per Fax aufzugeben. Die Weitergabe per Fax ist aus Dokumentationsgründen besser als die Orderaufgabe per Telefon.

Lassen Sie sich von Ihrem Faxgerät dazu immer auch gleich ein Sendeprotokoll ausdrucken, auf dem die Uhrzeit der Weitergabe und die Faxnummer aufgedruckt sind, damit Sie bei Reklamationen über entsprechende Unterlagen verfügen. Jede Bank sollte heute in der Lage sein, eine Faxorder innerhalb von wenigstens 30 Minuten an die Börse zu bringen.

Sende-Protokoll
Absender-FAX-Nr.: 089 88 98 47 33
Empfänger-FAX-Nr.: 089 85 17 39 48
Anfangs-Zeit: 08.23 Uhr
Datum: 20.05.2012
FAX-Protokoll-Nr.: 7834
Interne Vermerke: JG

Bei größeren Aufträgen oder der Notwendigkeit, vorgeschlagene Limits zu überprüfen und der sich schnell verändernden Marktlage anzupassen, sollten Sie auch die Möglichkeit haben, Ihre Order telefonisch oder per Internet aufzugeben. Versäumen Sie es bei telefonischen Bankgeschäften aber nicht, sich genaue Notizen über den Zeitpunkt und die anderen Spezifikationen Ihrer Order zu machen, damit Sie bei verspäteter oder Nichtausführung Ihres Auftrags etwas Schriftliches in der Hand haben.

Wo Sie am besten Ihre Order aufgeben

Achten Sie dabei darauf, Ihre Aufträge gezielt an die Börse/n zu geben, bei der/denen normalerweise die höchsten Wertpapierumsätze stattfinden. Dann ist Ihre Chance umso größer, dass Ihre Ordervorgaben auch erfüllt werden können.

Im „Übernahme-Gewinner“ erhalten Sie genaue Hinweise darauf, wie und wo Sie Ihre Order am besten platzieren können. Meist wird dies der Xetra-Handel oder das Frankfurter Parkett für Aktienorders und die Stuttgarter Börse für Optionsscheine und Zertifikate sein.

Damit Sie direkt an in- und ausländischen Börsen handeln können, habe ich in der folgenden Tabelle die wichtigsten Börsen und ihre Öffnungszeiten aufgeführt. Natürlich können Sie auch an jeder anderen Börse Ihren Auftrag aufgeben.

Börsenzeiten in- und ausländischer Börsen

Börsenplatz	Internetadresse	Handelszeit MEZ
Frankfurt	www.exchange.de	9.00–17.30 Uhr bzw. 20.00 Uhr
Stuttgart	www.boerse-stuttgart.de	9.00–20.00 Uhr
New York	www.nyse.com www.nasdaq.com	15.30–22.00 Uhr
Tokio	www.tse.or.jp	1.00–3.00 Uhr und 4.30–7.00 Uhr
Hongkong	www.hkex.com.hk	3.00–5.30 Uhr und 7.30–9.00 Uhr
London	www.londonstockexchange.com	9.00–17.30 Uhr
Zürich	www.swx.com	9.00–17.30 Uhr
Wien	www.wbag.at	8.30–17.45 Uhr

EUWAX-Handel an der Stuttgarter Börse

An der EUWAX werden aktuell mehr als 200.000 Wertpapiere gelistet. Sie ist damit das größte europäische Handelssegment für verbriefte Derivate. Diese werden unterteilt in

- Hebel- (Optionsscheine, Knock-out-Produkte) und
- Anlageprodukte (Anlagezertifikate, Aktienanleihen, Exchange Traded Funds).

Die Preise werden von Skontroführern (Börsenmaklern) festgestellt, d. h. es erfolgt keine automatische Zusammenführung von Kauf- und Verkaufsorders (Matching), wie es bei vollelektronischen Handelssystemen der Fall ist.

Der Skontroführer schützt nämlich die im Derivatemarkt schwächere Position des Anlegers dadurch, dass er den Market-Maker zur verbindlichen Quotierung auffordert, ohne ihm den Inhalt des ihm vorliegenden Anlegerauftrags mitzuteilen. So erfährt der Market-Maker der Emissionshäuser z. B. nicht, wie viel Sie maximal pro Optionsschein zu zahlen bereit sind. Ihre Order wird daher nicht automatisch zu Höchstpreisen ausgeführt.

Market-Maker stellen den Referenzmarkt für die Hebel- und Anlageprodukte dar und sind in der Regel identisch mit dem Emittenten der Produkte. Die EUWAX-Richtlinien verpflichten die Market-Maker, während der Handelszeit für ein bestimmtes Mindestvolumen fortlaufend An- und Verkaufspreise für ihre Produkte zu stellen, was zur Erhöhung der Liquidität führt. Der Emittent, also die Bank, die ein Wertpapier ausgegeben hat, tritt als Handelspartner auf.

Beim Handel mit Zertifikaten und Optionsscheinen ist es daher nicht erforderlich, dass Ihnen ein anderer Anleger Wertpapiere verkauft oder abkauft, da der Emittent verpflicht ist, pro Transaktion ein Mindestvolumen zu stellen. Dieses Mindestvolumen muss bei Hebel-Produkten (Optionsscheine, Hebel-Zertifikate) mindestens 3.000 Euro betragen.

Für Anlageprodukte (Strategiezertifikate, Aktienanleihen etc.) gilt sogar ein Mindestvolumen von 10.000 Euro oder mindestens 10.000 Stück des Wertpapiers (der Emittent hat hier das Wahlrecht).

In der Praxis heißt das:
Wenn Sie Optionsscheine im Wert von bis zu 3.000 Euro kaufen oder verkaufen möchten, muss der Emittent Ihnen aktuell angemessene Kurse stellen und auch als Handelspartner auftreten. Die Volumina von 3.000 und 10.000 Euro sind nur Mindestbeträge. Die Emittenten können auf freiwilliger Basis deutlich mehr anbieten.

Es gibt allerdings 3 Ausnahmen:
a) besondere Umstände wie technische Störungen,
b) besondere Marktsituationen (zum Beispiel Terroranschläge) und
c) vorübergehender Ausverkauf der Emission (dann stellt der Emittent nur einen Rückkaufkurs).

Limit-Kontroll-System

Ein sogenanntes Limit-Kontroll-System überprüft permanent, ob ein eingehender Auftrag ausführbar ist. Dabei wird nicht nur überwacht, ob der Auftrag gegen andere Kundenaufträge im eigenen Orderbuch, sondern auch, ob er innerhalb der vom Market-Maker veröffentlichten Quoten ausführbar ist. Ist nach der Plausibilitätsprüfung des Skontroführers eine markt- und regelgerechte Preisfeststellung zu bejahen, stellt er den Preis fest und führt den Auftrag des Anlegers aus.

Best-Price-System

An der EUWAX gilt das „Best-Price-Prinzip“. Wenn Wertpapiere an einem Referenzmarkt (zum Beispiel Börse Frankfurt) günstiger angeboten werden, dürfen die Wertpapiere in Stuttgart nicht teurer als in Frankfurt gehandelt werden.

Verkauf zum Rücknahmepreis

Bei Hebel-Zertifikaten stellt der Skontroführer den Handel ein, wenn der Basiswert eine vorbestimmte Schwelle erreicht hat und das Zerifikat wertlos geworden ist oder nur zu einem fixierten Rücknahmepreis gehandelt wird (Knock-out). Alle vor dem Erreichen der Knock-out-Schwelle vorhandenen Verkaufs- und Kaufaufträge werden gelöscht. Mit Wiederaufnahme des Handels durch den Emittenten haben Sie die Möglichkeit (abhängig von den jeweiligen Emittenten und den Ausstattungsmerkmalen des Produktes), das ausgestoppte

Wertpapier über die Börse zum ermittelten Rücknahmepreis zu verkaufen. Dies ist in der Regel am Tag der Ausstoppung oder am darauffolgenden Handelstag möglich.

Automatische Ausbuchung

Wenn kein Verkaufsauftrag erteilt worden ist, werden die nach der endgültigen Einstellung des Handels noch im Depot befindlichen Bestände automatisch ausgebucht und der entsprechende Gegenwert durch den Emittenten innerhalb von wenigen Tagen gutgeschrieben. Die ausgeknockten Produkte können Sie auf der Webseite der Stuttgarter Börse finden.

Aufgrund der Handelszeitverkürzung von Xetra auf 17.30 Uhr können alle Knock-out-Produkte auf deutsche Aktien und deutsche Indizes an der Stuttgarter Börse zwischen 17.30 und 20.00 Uhr nicht mehr ausgeknockt werden.

Für Sie bedeutet das, dass Ihr Kapital nicht automatisch verloren ist, wenn das Knock-out-Produkt nach 17.30 Uhr die K.o.-Schwelle erreicht oder unterschreitet.

Sie können hoffen, dass der Eröffnungskurs am nächsten Morgen über der Knock-out-Schwelle liegt. Falls Sie nach 17.30 Uhr eine starke Abwärtsbewegung feststellen, können Sie sogar noch versuchen, das Zertifikat am Abend zu verkaufen und einen Teil des Kapitals zu retten.

Beachten Sie: Offiziell startet der Börsenhandel in Deutschland zwar um 9.00 Uhr, die ersten Kurse für Derivate (z. B. Zertifikate) stellen die Emissionsbanken aber erst 10 oder 20 Minuten später. Die Banken überprüfen zunächst die Marktlage zu Handelsbeginn und passen dann ihre Kurse an. Auf diese Weise hat die Bank Ihnen gegenüber einen Vorteil.

Es kann also passieren, dass Ihnen ein Zertifikate-Kurs in den ersten Handelsminuten davonläuft und Ihr Kaufantrag nicht ausgeführt wird, weil in der Zwischenzeit das Kauf-Limit überschritten wurde.

US-Börsen

Wenn Sie viel an den US-Börsen handeln wollen, kann es sinnvoll sein, Ihre Order über einen US-Broker abzuwickeln. Ameritrade, E-Trade-USA, Charles Schwab oder als deutscher Discountbroker Cortal Consors kommen dafür in Frage. Ameritrade gehört zu den größeren US-Online-Brokern.

Für die Kontoeröffnung gehen Sie auf die Internetseite www.ameritrade.com und wählen das Feld „Open an Account". Dort entscheiden Sie sich unter „Express Application" oder „Online Application" für die Form des Kontos. Unter „Individual Account" geben Sie dann die verlangten perönlichen Daten ein und schicken diese an Ameritrade.

Für die klare Kennzeichnung: WKN und ISIN

Damit Sie jede Empfehlung aus dem Übernahme-Gewinner beim Kauf und Verkauf eindeutig zuordnen können, erhalten Sie stets die WKN und die ISIN.

WKN ist die Abkürzung für Wertpapierkennnummer. Jedes börsennotierte Wertpapier hat eine eigene Nummer, damit es eindeutig identifiziert werden kann. Die WKN gilt nur in Deutschland und ist immer sechsstellig.

Beispiel: Die WKN für Siemens lautet 723610
Um den internationalen Börsenhandel zu erleichtern, gibt es seit einiger Zeit die ISIN (International Security Identification Number). Mit dieser zwölfstelligen Kennnummer können Sie auch im Ausland Wertpapiere zuordnen und ordern. Die ISIN beginnt mit dem zweistelligen Ländercode (in Deutschland: DE). Anhand des Ländercodes können Sie das Ursprungsland erkennen. Beim Kauf und Verkauf von Wertpapieren reicht es, wenn Sie die WKN oder die ISIN angeben. Mittelfristig soll die internationale ISIN die deutsche WKN vollständig ersetzen.

Beispiel: Die ISIN für Siemens lautet DE0007236101
Beachten Sie: Bei den ISIN-Kennzahlen werden die beiden Buchstaben „O“ und „I“ nicht verwendet, weil sie zu leicht mit den Ziffern „0“ und „1“ verwechselt werden könnten. Die ISIN enthält bei deutschen Werten die WKN. Die letzte Zahl ist eine Prüfziffer.

So setzen Sie Empfehlungen sinnvoll um

1. Prüfen Sie nach Eingang einer Ausgabe des „Übernahme-Gewinners“, ob die darin ausgesprochenen Empfehlungen zu Ihrem Profil als sicherheitsbetont, risikobewusst oder spekulativ eingestelltem Anleger und zum Gesamtaufbau Ihres Wertpapierdepots passen.

2. Wenn dies der Fall ist, Sie inhaltlich mit der von mir vorgenommenen Einschätzung übereinstimmen und Sie auch das Anlageinstrument, um das es geht, aus eigener Praxis kennen und dessen Chancen und Risiken gut einschätzen können, sollten Sie Ihrer Bank einen entsprechenden Auftrag erteilen. Dieser sollte sich an den im „Übernahme-Gewinner“ genannten Eckdaten (Limit-Bandbreiten, zeitliche Gültigkeit des Auftrags) orientieren.

3. Setzen Sie jeweils nur die Beträge für das vorgeschlagene Investment ein, die Sie – ohne in irgendwelche zeitlichen Zwänge zu geraten – wenigstens für 6 Monate entbehren können!

4. Kalkulieren Sie bei Hebel-Instrumenten und engeren Werten grundsätzlich auch das Risiko eines Totalverlustes mit ein. Halten Sie sich dabei immer an Ihre vorgegebenen und für sich selbst notierten Stop-Loss-Kurse zur Verlustbegrenzung.

5. Verkaufen Sie eine Position dann, wenn es Ihnen selbst geraten erscheint, die Risiken sich für Sie plötzlich erhöhen oder die bereits

beim Kauf vorgeschlagenen Limits erreicht werden. Warten Sie daher im Zweifel nicht darauf, bis Ihnen der „Übernahme-Gewinner“ ein neues Verkaufssignal zur Risikobegrenzung gibt.

Wichtige Bewertungskennzahlen

Neben den breiter gefassten Analysen zu Übernahme-Kandidaten gibt es eine Handvoll von „Basis“-Bewertungskennzahlen, die jeder Aktionär zuordnen können sollte. Auch wenn ich Ihnen die Suche und Analyse nach den aussichtsreichsten Übernahme-Aktien gern abnehme, sollten Sie die wichtigsten Kennzahlen und ihre Bedeutung kennen.

Mit diesen Kennzahlen erhalten Sie ein einfaches Instrument, auch Ihre eigene Aktienauswahl anhand der wesentlichen Unternehmenskennzahlen selbst zu überprüfen. So bekommen Sie auch ein kritisches Augenmaß für andere Empfehlungen.
Selten ist Ihr Erfolg als Anleger ein Kind des Zufalls. Er hat vielmehr ganz wesentlich zu tun mit ...

... Ihrer richtigen Analyse und Beurteilung von wirtschaftlichen Sachverhalten,

... der optimalen Auswahl und Mischung der zur Verfügung stehenden Anlageinstrumente und

... der angemessenen Einschätzung dessen, was man unter der „Psychologie der Märkte“ versteht.

Doch aus diesen drei Voraussetzungen allein werden Sie einen dauerhaften Erfolg als Anleger noch nicht gewinnen. Es ist nämlich eine Seite, bestimmte Tatsachen und Zusammenhänge mit Blick auf den von Ihnen erwarteten positiven Kursverlauf einer Aktie, eines Index-Zertifikats oder eines Optionsscheins richtig zu deuten.

Eine ganz andere Seite ist es, sich unter den gegebenen Umständen auch situationsgerecht zu verhalten. Daher kommt eine 4. Voraussetzung noch hinzu, die leider viele Anleger immer wieder übersehen und die in bestimmten Situationen sogar die entscheidende ist:

Die gute Kenntnis und kritische Analyse des eigenen Anlageverhaltens. Aber ohne die richtige Analyse und die Kenntnis, wie ein Wertpapier reagiert, nützen Ihnen die anderen Voraussetzungen auch nichts, um Erfolg an der Börse zu haben.

Aktien-Kennzahlen

Wenn Sie einen der erfolgreichsten Aktienanleger der Welt fragen, was einen guten von einem schlechten Aktienanleger unterscheidet, so wird er Ihnen antworten: „Lesen". Warren Buffett, zweitreichster Mann der Welt, meint es auch so wie er es sagt: „Setzen Sie mich für Wochen und Monate ruhig auf eine einsame Insel, und ich kann die besten Aktienentscheidungen treffen auch ohne Zeitung, Börsenmagazine und Börsen-TV. Geben Sie mir aber bitte die Geschäftsberichte und Bilanzen der Unternehmen mit."

Jetzt brauchen Sie kein Warren Buffett zu sein, der als Unternehmensanalyst (so bezeichnet er sich selbst) einer der Besten ist. Seine Profession ist es, Tag für Tag, Stunde um Stunde, Geschäftsberichte und Bilanzen zu lesen.

Als Aktienanleger schaffen Sie es aber auch mit weniger Zeitaufwand, sich die Unternehmen genauer anzuschauen, die es wert sind, als Qualitätsaktien in Ihrem Depot langfristig für Wachstum zu sorgen.

Gute Kurse brauchen erfolgreiche Unternehmen

Die vergangenen Jahre haben gezeigt: Werden die wesentlichen Kennzahlen wie solide Gewinne, gesunde Buchwerte und andere Unternehmenskennzahlen außer Acht gelassen, werden enorme Beträge von Aktionärsgeldern regelrecht verbrannt. Einbrüche selbst im DAX von über 60% machen deutlich: Kurse kommen immer wieder auf den realen Wert der einzelnen Unternehmen zurück.

1) Kurs-Gewinn-Verhältnis (KGV)

Das Kurs-Gewinn-Verhältnis (KGV) ist die gängigste Bewertungskennzahl für Aktien. Im angelsächsischen Raum wird es auch Price-Earning-Ratio (PER) genannt. Das KGV zeigt Ihnen an, mit welchem Vielfachen des Jahresgewinns ein Unternehmen an der Börse bewertet wird.

Die Berechnung: $$\text{KGV} = \frac{\text{Aktienkurs}}{\text{Gewinn je Aktie}}$$

Ein niedriges KGV muss nicht zwingend ein Kaufargument sein. Unterschiedliche Gründe können dafür verantwortlich sein, dass die Aktie günstig bewertet ist, aber trotzdem nur wenig Kurs-Potenzial bietet:

a) Das Unternehmen hat eine geringe Umsatz- und Gewinndynamik

b) Das Unternehmen verfügt über geringe Ressourcen (z. B. eine Minengesellschaft mit fast erschöpften Erzvorkommen)

c) Laufende Klagen belasten die zukünftigen Gewinnaussichten (zum Beispiel in der Tabakindustrie)

d) Mischkonzerne werden fast immer mit einem Abschlag gehandelt (eine Ausnahme ist die Beteiligungsgesellschaft Berkshire Hathaway von Warren Buffett)

e) Unternehmen aus Branchen mit geringen Wachstumsaussichten werden niedrig bewertet (in der Automobilindustrie gibt es z. B. zahlreiche Unternehmen mit einem einstelligen Kurs-Gewinn-Verhältnis)

! Falls Sie also eine Aktie mit einem niedrigen KGV entdecken, sollten Sie in einem ersten Schritt überprüfen, wie hoch die direkten Mitbewerber bewertet werden.

Anschließend stellt sich die Frage, welche Wachstums- und Gewinnaussichten die Branche und das ausgesuchte Unternehmen haben. Abschließend sollten Sie sich über mögliche Klage-Risiken informieren. Fallen alle Punkte positiv aus, ist das niedrige KGV ein wichtiges (aber nicht einzig entscheidendes) Kaufargument.

Auswahl des Bezugsjahres

Ein möglicher Schwachpunkt ist die schwierige Auswahl des Bezugsjahres. Wie oben angegeben, brauchen Sie für die Berechnung des KGV den Gewinn je Aktie.

Für das abgelaufene Geschäftsjahr 2015 liegen hier die gesicherten Daten teilweise bereits vor. Dafür ist das Datenmaterial fast schon wieder veraltet, da an der Börse zukünftige Gewinne höher bewertet werden.

Der Gewinn je Aktie für 2016 ist aussagekräftiger, kann zu einem frühen Zeitpunkt des Jahres allerdings nur eine grobe Schätzung sein. Ein zur Zeit scheinbar niedriges KGV kann relativiert werden, wenn das Unternehmen im weiteren Jahresverlauf die Gewinnschätzung verfehlt.

Sie sollten daher jede KGV-Schätzung kritisch hinterfragen. Es stellt sich immer die Frage, wie plausibel die Gewinnschätzung ist und wann sie zuletzt überarbeitet wurde. Trotz dieser möglichen Schwächen ist das KGV ein wichtiges Hilfsinstrument, um günstige und überbewertete Aktien unterscheiden zu können.

2) Price-Earning to Growth-Ratio (PEG)

Das traditionelle KGV lässt sich durch eine Erweiterung noch weiter verfeinern. Die Kennzahl Price-Earning to Growth-Ratio (PEG) setzt das Kurs-Gewinn-Verhältnis (KGV) in Relation zum erwarteten Gewinnwachstum.

Als Faustformel gilt: Das PEG ist günstig, wenn das KGV maximal so hoch ist wie das erwartete Gewinnwachstum.

Wächst der Gewinn je Aktie zum Beispiel um 10%, sollte das KGV auch nicht über 10 liegen. Kann das Unternehmen den Gewinn dagegen um 30% steigern, wäre auch ein optisch teures KGV von 30 vertretbar.

Die Berechnung:

$$PEG = \frac{KGV}{Gewinnwachstum}$$

Sind KGV und Gewinnwachstum identisch, liegt das PEG bei 1. Günstig gilt eine Aktie, wenn der Wert bei 1 oder tiefer liegt (Gewinnwachstum ist größer als KGV).

Der Berechnungszeitraum

Eine mögliche Schwachstelle ist wiederum der Berechnungszeitraum. Zuletzt im Börsenboom 2006/2007 wurden mehrjährige Wachstumsperioden betrachtet. So gingen damals die Wachstumsaussichten für das laufende und zwei weitere Jahre in die PEG-Berechnung mit ein.

Es hat sich aber gezeigt, dass es angesichts der unberechenbaren Konjunkturentwicklung fast unmöglich ist, zuverlässige Schätzungen für die nächsten 2 oder 3 Jahre abzugeben.

Das PEG ist eine sinnvolle Ergänzung zum traditionellen KGV und zeigt an, dass eine Aktie mit einem KGV von 30 nicht zu teuer sein muss, wenn das Gewinnwachstum stimmt. Umgekehrt kann ein KGV von 10 teuer sein, wenn das Gewinnwachstum nur bei 2% oder 3% liegt.

3) Kurs-Umsatz-Verhältnis (KUV)

Mit dem KGV und PEG habe ich Ihnen Kennzahlen vorgestellt, die vom Gewinn des Unternehmens abhängen. Das Kurs-Umsatz-Verhältnis (KUV) können Sie unabhängig vom Gewinn ermitteln. Das ist speziell bei jungen Wachstumsunternehmen wichtig, die noch keine Gewinne erwirtschaften. Das KUV können Sie auf zwei Arten berechnen:

Die Berechnung: $KUV = \frac{\text{Marktkapitalisierung}}{\text{Umsatz}}$ oder $\frac{\text{Aktienkurs}}{\text{Umsatz je Aktie}}$

Grundsätzlich gilt: Je niedriger das KUV, desto preiswerter ist eine Aktie. Hier drei Beispiele für die Einsatzmöglichkeiten des KUV.

a) 2 junge Unternehmen entwickeln neue Suchsysteme für das Internet. Sie stehen in direktem Wettbewerb und bearbeiten den gleichen Markt. Da die Unternehmen noch rote Zahlen schreiben, fällt das Kurs-Gewinn-Verhältnis als Vergleichskriterium aus. Besitzt jetzt ein Unternehmen ein KUV von 4 und das andere eines von 6, ist das erste günstiger bewertet.

b) Die Chip-Industrie ist sehr schwankungsstark. In einem Jahr verdient ein Chiphersteller einen Milliarden-Betrag, im nächsten Jahr fallen Verluste an. Damit das Unternehmen auch im Verlustjahr mit Konkurrenten verglichen werden kann, ist das KUV ein Hilfsmittel.

c) Sie möchten eine Chemie-Aktie kaufen, doch die 2 interessantesten Unternehmen haben ein identisches KGV. In diesem Fall bieten sich weitere Vergleichskriterien an. Besitzt das eine Unternehmen ein KUV von 0,8 und das andere eins von 1,2 ist das erstere preisgünstiger.

Faustformel: Bei etablierten Unternehmen, die sich nicht mehr in der Wachstumsphase befinden, gilt ein KUV von unter 1 als günstig.

4) Kurs-Buchwert-Verhältnis (KBV)

Das Kurs-Buchwert-Verhältnis (KBV) zeigt Ihnen an, wie das Eigenkapital eines Unternehmens an der Börse bewertet wird (Buchwert und Eigenkapital sind in etwa deckungsgleich).

Die Berechnung:

$$KBV = \frac{\text{Aktienkurs}}{\text{Buchwert je Aktie}}$$

Besonders interessant sind Unternehmen, die ein KBV von unter 1 aufweisen. Bei diesen Unternehmen ist der Substanzwert höher als der Börsenwert.

Es muss sich aber nicht zwangsläufig um ein Schnäppchen handeln. Schreibt ein Unternehmen zum Beispiel Verluste und vernichtet Eigenkapital, ist ein Abschlag gerechtfertigt. Erzielt das Unternehmen dagegen Gewinne und hat auch ansonsten positive Aussichten, deutet ein KBV von unter 1 auf eine deutliche Unterbewertung hin.

Die Finanzinvestoren schauen, wenn sie neue Übernahmekandidaten suchen, oft auf diese Kennzahl. Ein Beispiel ist der Chemie-Wert Celanese, der durch sein niedriges KBV von 0,6 aufgefallen ist.

Das Ergebnis: eine Übernahme durch einen amerikanischen Finanzinvestor.

5) Kurs-Cashflow-Verhältnis (KCV)

Die Kennzahl Kurs-Gewinn-Verhältnis (KGV) hat sich international als Kriterium für die Bewertung einer Aktie durchgesetzt. Dabei ist das KGV in Fachkreisen nicht unumstritten. Der Grund: Der Jahresüberschuss, also die Grundlage der Berechnung, kann von den Unternehmen in die gewünschte Richtung gesteuert werden.

Legale Bilanzierungstricks können vom Management genutzt werden, um den Jahresüberschuss zu beeinflussen. Speziell die Rückstellungen und Abschreibungen werden sehr gern zur „Feinjustierung“ genutzt, um das gewünschte Ergebnis zu erhalten. Das KGV ist daher immer mit einer gewissen Vorsicht zu genießen.

Ein objektiveres Bild von der Finanzkraft eines Unternehmens bietet der Cashflow. Das ist der Nettozugang an liquiden (flüssigen) Mitteln während einer festgelegten Periode; also zum Beispiel in einem Geschäftsjahr.

Sie können den Cashflow berechnen, indem Sie zu dem um außerordentliche Faktoren bereinigten Jahresüberschuss die Abschreibungen auf das Anlagevermögen sowie Veränderungen der langfristigen Rückstellungen addieren.

Die Berechnung: $$\text{KCV} = \frac{\text{Aktienkurs}}{\text{Cashflow je Aktie}}$$

Wie beim KGV gilt: Je niedriger das KCV, desto günstiger ist die Aktie bewertet (wobei stets mehrere Kennzahlen miteinander verglichen werden sollten). Besonders hellhörig sollten Sie werden, wenn KGV und KCV weit auseinander liegen oder sich in einer Periode unterschiedlich entwickelt haben.

6) Dividenden-Rendite

Speziell im Frühjahr gewinnt die Dividenden-Rendite an Bedeutung.
Der Grund: In den Monaten April und Mai finden die meisten Hauptversammlungen statt. Einen Tag nach der Hauptversammlung wird dann in der Regel die festgelegte Dividende an die Aktionäre ausgeschüttet.

Die Dividende wird von vielen Anlegern unterschätzt. Langfristige Studien haben gezeigt, dass Sie mit Aktien Durchschnitts-Renditen von 8 bis 10% erreichen können.

Kursgewinne sind aber nur ein Bestandteil. Fast die Hälfte des Zuwachses hängt von den Dividenden ab. Zahlt ein Unternehmen regelmäßig Dividenden in Höhe von 4 bis 5% aus, haben Sie rund 50% des Potenzials schon erreicht.
Die erste Methode hat den Vorteil, dass die Zahlen dann gesichert sind.

Die Berechnung:

$$\text{Dividenden-Rendite} = \left(\frac{\text{Dividende je Aktie}}{\text{Aktienkurs}}\right) \times 100$$

Bei der Berechnung dieser Kennzahl gibt es ein methodisches Problem, das nicht befriedigend gelöst werden kann: Berücksichtigt man die zuletzt gezahlte Dividende oder die erwartete Dividende?

Der Nachteil liegt auf der Hand: Aus der alten Dividende lässt sich nicht unbedingt auf die zukünftige Dividende schließen. Wählt man die erwartete Dividenden-Ausschüttung, muss man immer mit der Ungewissheit leben, ob die Ausschüttungshöhe tatsächlich erreicht wird.

Mentale Voraussetzungen für den Börsenerfolg

Ein Börsenerfolg hat neben einer Analyse der gerade vorgestellten Unternehmenskennzahlen auch viel mit Psychologie zu tun. Damit bei Ihnen Wunsch und Wirklichkeit nicht auseinanderfallen, ist es ratsam, sich mit einigen Grundregeln vertraut zu machen. Nur so können Sie auch nachhaltig erfolgreich am Börsengeschehen teilnehmen.

Gerade im Katastrophen-Jahr 2008 haben viele Anleger hart erarbeitetes Geld an der Börse verloren. Lernen Sie aus Ihren Verlusten. Überlegen Sie insbesondere, wie Sie mit den Verlusten umgegangen sind. Anleger, die starke Emotionen in ihre Entscheidungsfindung einfließen lassen, neigen eher zu Fehlentscheidungen, als Anleger, die auch bei Verlusten sachlich bleiben. Werfen Sie nicht sämtliche aufgestellte Regeln über Bord, weil Sie mit Ihrer Position im Minus liegen. Häufig entscheidet gerade der Umgang mit Verlusten über den langfristigen Erfolg.

Unterschieden wird zwischen zwei psychologischen Fehlern im Umgang mit Verlusten. Beide Arten führen zu destruktiven Emotionen. Der erste Fehler ist es, Verluste zu materialisieren. Beispiel: „Ich habe 3.000 Euro verloren, davon hätte ich in den Urlaub fliegen können." Das beeinflusst eine sinnvolle Handelsentscheidung. Wer verliert schon gern einen Urlaub?

Der zweite Fehler liegt vor, wenn zum materiellen Verlust auch noch die Selbsteinschätzung negativ beeinflusst wird. Kommt es zu negativen Auswirkungen auf die mentale Einstellung, untergräbt das die Disziplin, richtige Entscheidungen zu fällen. Beide Arten lähmen den Aktionär.

In guten Börsenzeiten wurde das Selbstbewusstsein durch Gewinne bestärkt. Selbstüberschätzung war die Folge. Kommt es dann zu Verlusten, versucht man „mit der Brechstange" so schnell wie möglich diese Verluste wieder auszugleichen. Die Risikobereitschaft steigt und im schlimmsten Fall wird unbegründet nachgekauft.

Bleiben Sie diszipliniert. Stellen Sie sich die Frage: „Würde ich mir diese Aktie heute noch kaufen?“ Wenn der Wert Sie nicht mehr überzeugt, trennen Sie sich. Psychologisch fällt es oft schwer, Wertpapiere mit Verlust zu verkaufen. Die Hoffnung, den Einstiegskurs wieder zu erreichen, ist größer als die Furcht vor weiteren Verlusten – oft ein fataler Fehler.

Laufen die Aktien gut, neigen einige Investoren dazu, gierig zu werden. Hat sich die Aktie im Wert verdoppelt, können Sie die Hälfte verkaufen. Sie haben dann das eingesetzte Kapital wieder in der Tasche, würgen aber mögliche weitere Gewinne nicht ab.

Sehen Sie das Potenzial der Aktie ganz ausgereizt, ist ein Komplett-Verkauf natürlich vorzuziehen. Das A und O für einen langfristigen Börsenerfolg ist: Ändern Sie nicht Ihre persönliche Risikoneigung – egal ob die Investition im Plus oder Minus notiert.

Optionsscheine

Optionsscheine beherrschen – einfach gemacht

Das folgende Kapitel zeigt Ihnen, dass Optionsscheine nicht nur für Day-Trader geeignet sind, die jetzt einsteigen und in 10 Minuten schon wieder hektisch verkaufen. Sie können auch als risikobewusster Investor Optionsscheine als kurz- und mittelfristige Trading-Positionen sinnvoll einsetzen, um Extra-Gewinne zu erzielen. Im „Übernahme-Gewinner" setzen wir im Depot 3 Optionsscheine oder Hebel-Zertifikate ein, wenn dadurch das Kurs-Potenzial optimiert werden kann.

Für die Optionsscheinauswahl benötigen Sie nur:

- Ihre Erfahrung an den Aktienbörsen und einen bevorzugten Titel als Basiswert

- Kenntnisse über Optionsscheine, wie sie Ihnen in diesem Kapitel vermittelt werden

- Das Wissen, dass höhere Gewinnchancen auch zwangsläufig mit größeren Risiken verbunden sind. Sie müssen sich nicht für einen Schein mit einem 20-fachen Hebel entscheiden. Ein „kleiner Hebel" kann auch sinnvoll sein.

- Das Wissen über die richtigen Kennzahlen, auf die es ankommt, damit Sie aus mehr als 80.000 in Deutschland handelbaren Optionsscheinen einfach den besten aussuchen können.

Selbst wenn Sie bislang noch keine oder wenig Erfahrungen mit Optionsscheinen erworben haben, sollten Sie sich von den schwierigen theoretischen Einführungen durch die Banken nicht irritieren lassen. Es genügt, wenn Sie sich mit den wichtigsten Eigenschaften befassen. Zwar gibt es mehr als ein Dutzend Kennzahlen für Optionsscheine, die aber zumeist auch professionellen Großinvestoren nicht mehr weiterhelfen, weil sie zu komplex und nichtssagend sind.

Im „Übernahme-Gewinner" achte ich bei der Optionsschein-Auswahl stets darauf, sichere, anlegerfreundliche Optionsscheine zu empfehlen. Neben dem Gewinnpotenzial ist das ein wichtiges Auswahlkriterium für meine Optionsschein-Empfehlungen. Damit meine Arbeit für Sie transparent wird, zeige ich Ihnen im Folgenden, worauf es mir bei der Optionsschein-Auswahl ankommt.

Optionen und Optionsscheine

Wenn Sie eine Option auf einen Basiswert (beispielsweise Aktie oder Index) kaufen, haben Sie das Recht, eine bestimmte Menge vom Basiswert zu einem vorab festgelegten Preis (Basispreis) zu kaufen (Call) oder zu verkaufen (Put). **Beachten Sie: Calls können Sie bei steigenden Aktienkursen einsetzen, um die Gewinne zu hebeln. Mit Puts dagegen sichern Sie bei fallenden Aktienkursen bestehende Positionen ab.**

Das Bezugsverhältnis gibt an, auf wie viele Einheiten des Basiswerts sich die Option bezieht (üblich von 1 Basiswert [Aktie] für 1 Option [1:1] bis zu 1 Basiswert [Aktie] für 1.000 Optionen [1:1.000]). Das Recht der Option können Sie entweder am Laufzeitende (europäische Option) oder bereits während der Laufzeit (amerikanische Option) ausüben.

Ein Optionsschein (Englisch: Warrant) ist eine Option, die in einem Wertpapier verbrieft ist. Optionsscheine können Sie an der Börse handeln.

Beispiel: Optionsschein auf die Allianz-Aktie Ausstattung eines Optionsscheins auf die Allianz-Aktie	
Typ	Kaufoptionsschein (Call)
Basiswert	Allianz-Aktie
Bezugsverhältnis	1:10
Basispreis	120 €
Laufzeit	17.12.2015
Style	Amerikanische Option
Optionspreis	1,07 €
Kurs der Aktie	122,00 €

Der Käufer des Optionsscheins erwirbt das Recht, bis zum 17. Dezember 2015 10 Optionsscheine einer Allianz-Aktie zum Preis von 120 € zu kaufen (Basispreis).

Dafür zahlt der Anleger den Preis von 1,07 € je Optionsschein. Vorteil: Steigt die Allianz-Aktie, ausgehend vom Kurs von 122 € weiter, wird der Optionsschein wertvoller.

Ihre Vorteile dank der Hebel-Wirkung von Optionsscheinen

Entweder Sie erzielen bei positivem Verlauf mit gleichem Einsatz höhere Gewinne, oder mit niedrigerem Einsatz den gleichen Gewinn wie beim Direktkauf etwa der Aktie.

!

Achtung: Mit den höheren Gewinnchancen kaufen Sie automatisch größere Verlustrisiken ein (wegen der Hebel-Wirkung).

Der Allianz-Call aus dem Beispiel besitzt bei einem Aktienkurs von 122 € einen inneren Wert von 0,20 €. (Wie Sie den „inneren Wert" genau berechnen, erfahren Sie ab Seite 73.) Fällt die Aktie auf 120 €, liegt der innere Wert bei 0 €.

Der Hebel steht in diesem Beispiel bei 5,7 (5,7-mal so hohe Verluste wie bei dem Direktkauf der Aktie). Schlimmstenfalls können Sie sogar Ihren gesamten Einsatz verlieren.

Investieren Sie maximal 50% Ihrer kurzfristigen Trading-Positionen in Optionsscheine. Ziehen Sie gleichzeitig Stop-Loss-Limits. Wegen der hohen Hebel und der damit verbundenen stärkeren Kursschwankungen ziehen Sie aber Stop-Loss-Limits etwa 20% bis 35% unterhalb des Höchstkurses.

Bürokratische Pflicht: „Termingeschäftsfähigkeit“

Weil mit Optionsscheinen so hohe Risiken verbunden sind, müssen Sie sich als Investor von Banken über die besonderen Risiken aufklären lassen. Sie kommen dieser Pflicht nach, indem Sie die „Termingeschäftsfähigkeit“ erwerben. Sollten Sie das bisher noch nicht gemacht haben, lohnt sich ein Gang zur Bank.

Termingeschäftsfähigkeit heißt in der Praxis nichts anderes, als ein Papier zu unterschreiben, aus dem hervorgeht, dass Sie über die Risiken aufgeklärt sind.

Ihr Verlustrisiko ist durch Stop-Loss-Marken begrenzt – Ihre Gewinnmöglichkeiten sind nach oben offen

Das Verlustpotenzial ist für Sie als Käufer eines Optionsscheins – egal ob es sich um einen Call oder einen Put handelt – immer auf den Optionspreis begrenzt. Durch den Einsatz von Stop-Loss-Marken können Sie das Verlustrisiko sogar auf 20 oder 30% einschränken. Das Gewinnpotenzial ist hingegen unbegrenzt groß.

Der Verkäufer des Optionscheins, der Stillhalter, geht hingegen ein theoretisch unbegrenztes Verlustrisiko ein. Stillhaltergeschäfte können Sie an Terminbörsen wie der Eurex tätigen. Von solchen Geschäften rate ich grundsätzlich ab. Empfehlungen mit unbegrenzten Verlustrisiken (und Nachschusspflicht) werden Sie in meinem Börsendienst nie finden.

Die „implizite Volatilität“: oft unterschätzter Wert-Faktor

Eine weitere wichtige Komponente, die den Preis einer Option beeinflusst, ist die implizite Volatilität. Darunter versteht man die erwartete Schwankungsbreite des Basiswerts. Bei stark schwankenden Aktienkursen können Sie eher davon ausge-

hen, dass diese einmal einen inneren Wert aufbauen („gewinnen"). Daher werden Sie mit Optionsscheinen mehr gewinnen, je stärker die Märkte schwanken.
Das ist der Grund, weshalb Optionsscheine jetzt wieder etwas „wertvoller" werden: Die Märkte drohen nach Zinsänderungen wieder stärker zu schwanken.

Faustformel für Sie: Je höher die Volatilität, umso teurer die Option. Je höher die Volatilität, desto nervöser werden die Märkte allerdings auch.

Daraus können Sie folgende Konsequenz ableiten: Sobald Sie mit starken Schwankungen in der Zukunft rechnen, sind Optionsscheine eine erstklassige Wahl: Sie kaufen diese, solange die Marktschwankungen noch nicht sehr groß sind und verkaufen sie bei stärker schwankenden Märkten.

Vergleichen Sie dafür den „Volatilitätsindex V-DAX" der Deutschen Börse AG. Dieser Index misst die Schwankungsbreiten der 30 DAX-Aktien.

Das bedeutet die Volatilität für Ihre Optionsschein-Auswahl

Fallende Börsenkurse sind meist mit einer steigenden Volatilität verbunden. Das tut den Optionspreisen gut. Put-Optionen profitieren bei fallenden Kursen oft doppelt. Sie gewinnen durch die richtige Entwicklung des Basiswerts und erhalten einen zusätzlichen Schub durch die „Vola".

Achtung vor der „Vola-Falle"

Steigende Aktienkurse gehen hingegen meist mit einer fallenden Schwankungsbreite einher. Mit einem Call (Kauf-Optionsschein) profitieren Sie dann zwar von den Kursgewinnen des Basiswerts, doch die rückläufige Volatilität macht die Option billiger. Das kann sogar so weit führen, dass ein Call-Optionsschein an Wert verliert, obwohl der zugehörige Basiswert gestiegen ist. Man spricht in einer solchen Situation von der „Vola-Falle", in die auch Optionsschein-Profis noch tappen.

Dennoch können Sie ein böses Erwachen vermeiden. Sie können die „Vola“ im Auge behalten, einschätzen und von ihr gegebenenfalls profitieren. Oder Sie entscheiden sich für einen Optionsschein, der kaum unter den Änderungen der Schwankungsbreite leidet.

Mit dieser Strategie finden Sie den richtigen Optionsschein – mit Empfehlungen

Die Optionsschein-Auswahl ist kein leichtes Unterfangen. Bei mehr als 80.000 Scheinen, die in Deutschland gehandelt werden, gleicht dieser Prozess sogar der Suche nach der bekannten „Nadel im Heuhaufen“.

Die meisten der „Warrants“ beziehen sich auf Aktien oder Aktienindizes. Darüber können Sie im spekulativen Bereich Optionsscheine auf diesen Basiswert finden:

- Zinsen oder Anleihekurse (Bund-Future)
- Devisenkurse wie zum Beispiel Euro/Dollar-Verhältnis, Dollar/Yen-Verhältnis oder auch Euro/Pfund-Verhältnis
- Edelmetalle wie Gold, Silber oder Platin

Gehen Sie bei der Auswahl schrittweise vor. Hilfestellung bietet Ihnen das Internet als schnellstes Medium für solche Titel. Finanzdienstleister wie die Kölner Onvista AG (www.onvista.de) oder die führende Optionsscheinbörse in Stuttgart (www.euwax.de) bieten auf ihren Internet-Seiten wertvolle Werkzeuge zur Optionsscheinanalyse.

Weiche Kriterien: Der richtige Optionsscheinhandel

Neben den harten Fakten können bei der Optionsscheinauswahl auch weiche Kriterien eine Rolle spielen. Achten Sie beispielsweise auf die Handelszeiten.

Denn: Nicht jeder Emittent stellt bis zum Schluss der Wall Street um 22 Uhr Kurse. Damit verpasst ein Optionsschein die neuesten Entwicklungen. Nicht nur, dass Ihnen damit eine Gewinn-Chance entgeht. Besonders ärgerlich sind die unnötigen Verlustrisiken.

Nach der Auswahl des passenden Optionsscheins stellt sich die Frage nach dem besten Handel.

Hier haben Sie als Anleger zwei Möglichkeiten: Sie können den Optionsschein

- über die Börse erwerben

- oder direkt mit dem Emittenten handeln

a) Der Handel über die Börse

Der Handel von Optionsscheinen und anderen verbrieften Derivaten ist über die Börsen in Frankfurt, Stuttgart, Düsseldorf und Berlin möglich. Achtung: Über das elektronische Handelssystem Xetra sind solche Produkte nicht handelbar.

Die Umsatzverhältnisse sind im Segment Optionsscheine anders verteilt als bei Aktien. Während Xetra und das Frankfurter Parkett bei deutschen Standardaktien fast den kompletten Umsatz anziehen, liegt bei Optionsscheinen die Stuttgarter Börse vorn.

Als Börsenplatz empfehle ich Ihnen immer die liquiden Derivatebörsen in Stuttgart oder Frankfurt.

Wie groß die Börsenumsätze sind, spielt in der Praxis allerdings kaum eine Rolle. In mehr als 90% der Fälle handeln Sie als Investor ohnehin mit dem Emittenten. Konkret passiert Folgendes:

- Sie ordern Optionsscheine genau wie beim Aktienkauf.

- Der Makler an der Börse prüft, ob das Limit der Order zu dem Geld- oder Briefkurs des Emittenten passt.

- Ist dies der Fall, kommt der Handel zustande.

Vorteil des Händlerhandels: So haben Sie Sicherheit, dass Sie Optionsscheine über die Börse an- und verkaufen können. Falls Sie Orders platzieren wollen, erkundigen Sie sich nach den Umsätzen (und Preisen) in Stuttgart und Frankfurt.

b) Der außerbörsliche Handel

Neben dem Handel über eine Börse bieten einige Banken auch den Direkthandel mit dem Emittenten an. Hier nennt der Optionsscheinanbieter einen Preis, der bis zu einer bestimmten Stückzahl gültig ist. Sie haben dann einige Sekunden Zeit, um den Preis zu akzeptieren.

Ihre Vor- und Nachteile beim außerbörslichen Handel

Der außerbörsliche Handel ist kostengünstiger, weil hier die Maklercourtage entfällt. Zudem können Sie bei den meisten Emittenten länger handeln als über die Börsen. Die Börsenplätze haben in der Regel von 9 bis 20 Uhr geöffnet.

Gute Optionsscheinanbieter stellen Ihnen Kurse von 8 bis 22 Uhr, also bis zur Schlussglocke an der New Yorker Wall Street.

An der Börse können Sie für Optionsscheine auch Limit- oder Stop-Loss-Order platzieren. Dies ist im Direkthandel nicht möglich. Zudem besteht bei besonders umsatzstarken Scheinen die Möglichkeit, dass ein Kurs innerhalb der Geld-/Briefspanne festgestellt wird und Sie auf diese Weise günstiger handeln.

Andererseits fehlt Ihnen beim außerbörslichen Handel der Emittent als ständiger Geschäftspartner. So büßen Sie einen erheblichen Teil der möglichen Sicherheit ein.

Wichtige Kennzahlen eines Optionsscheins

Mit diesen 6 Kennzahlen können Sie Optionsscheine analysieren und bewerten.

1) Implizite Volatilität
2) Aufgeld
3) Hebel
4) Delta
5) Innerer Wert und Zeitwert
6)Theta

1) Implizite Volatilität

Die implizite Volatilität (erwartete Schwankungsstärke) ermöglicht es Ihnen, verschiedene Optionsscheine auf denselben Basiswert und mit vergleichbaren Eigenschaften in Bezug auf die Restlaufzeit und den Basispreis hinsichtlich ihrer Attraktivität zu bewerten.

Wichtig: Grundsätzlich ist der Optionsschein mit der niedrigsten impliziten Volatilität am günstigsten bewertet und somit Ihre 1. Wahl.

Die Volatilität ist ein statistisches Maß für die Schwankungsintensität des Basiswerts und definiert somit die Chance, dass sich der Kurs des Basiswerts innerhalb der Laufzeit in eine für Sie, den Optionsschein-Besitzer, günstige Richtung entwickelt.

Die Emissionsbanken, die Optionsscheine auf den Markt bringen, kalkulieren den Optionsschein-Preis wie folgt: Schwankt der Basiswert (zum Beispiel eine Aktie) sehr stark, muss die Bank damit rechnen, dass der Kurs auch in eine für den Investor günstige Richtung pendelt. Daher werden die Banken mehr Geld für einen Optionsschein verlangen. Erwarten die Banken dagegen nur geringe Schwankungen, ist ihr Risiko, dass der Basiswert genau in die vom Anleger gewünschte Richtung marschiert, geringer und sie bieten den Optionsschein günstiger an.

Die konkreten Auswirkungen auf den Optionsschein-Kurs: Wenn alle Kennzahlen wie Kurs des Basiswerts, Zinserwartung und Dividende konstant bleiben und nur die implizite Volatilität steigt, wird das den Kurs des Optionsscheins nach oben treiben.

Gleichzeitig gilt auch: Sinkt die Volatilität, verliert Ihr Optionsschein an Wert, obwohl sich der Kurs des Basiswerts gar nicht bewegt hat.

Da ein Optionsschein bei Konstanz aller anderen Bewertungskennzahlen mit einer Erhöhung der Volatilität teurer wird, bedeutet die niedrige implizite Volatilität eines Optionsscheins aus Sicht des Käufers eine vergleichbar günstige Bewertung und der Optionsschein sollte daher bevorzugt werden.

Dabei müssen Sie jedoch beachten, dass nur Optionsscheine auf denselben Basiswert und mit ähnlichen Eigenschaften hinsichtlich der Restlaufzeit und des Basispreises miteinander verglichen werden können.

Volatilität und Basiswert

Kennzahlen wie die Volatilität sind wichtig; über den Erfolg Ihres Optionsscheins entscheidet aber letztendlich, ob sich der von Ihnen gewählte Basiswert (zum Beispiel eine Aktie oder ein Index) in die von Ihnen erwartete Richtung bewegt. Bei einem Kauf-Optionsschein (Call) muss der Basiswert steigen, bei einem Verkaufs-Optionsschein (Put) sinken.

In einem zweiten Schritt sollten Sie dann Kennzahlen wie Restlaufzeit und die implizite Volatilität einzelner Optionsscheine in Ihre Überlegungen einbeziehen, da sie die relative Attraktivität innerhalb vergleichbarer Optionsscheine transparent machen und somit eine Verbesserung der Rendite bei Eintreten der erwarteten Kursentwicklung des Basiswerts erwarten lassen.

2) Aufgeld

Der Ausdruck „Aufgeld“ ist etwas missverständlich. Es handelt sich nicht um eine zusätzliche Gebühr, die Sie beim Optionsscheinhandel bezahlen müssen, wie man vielleicht auf Grund der Formulierung vermuten könnte.

Das Aufgeld beschreibt Ihre Gewinnchancen. Es drückt aus, um wie viel Prozent der Basiswert (Aktie, Index, Währung) bis zur Fälligkeit steigen (Kauf-Optionsschein) oder fallen (Verkaufs-Optionsschein) muss, damit Sie die Gewinnschwelle erreichen.

Bei einem Kauf-Optionsschein (Call) auf die Siemens-Aktie bedeutet ein Aufgeld von 10%, dass die Aktie bis zum Laufzeitende um 10% steigen muss, damit Sie die Gewinnschwelle erreichen.

Gefahr: Zu hohes Aufgeld

Bei der Auswahl von Optionsscheinen spielt das Aufgeld eine entscheidende Rolle. Laufzeit, Hebel und Spread können noch so attraktiv sein; wenn das Aufgeld zu hoch ist, sollten Sie verzichten. Fragen Sie sich vor jedem Kauf: Hat der Basiswert genug Potenzial, um das Aufgeld auszugleichen?

Trauen Sie zum Beispiel der Siemens-Aktie nur ein Aufwärts-Potenzial von 5 bis 10% zu, sollten Sie keinen Optionsschein mit einem Aufgeld von 10% auswählen. Selbst wenn die Aktie um 10% steigt, würden Sie nur die Gewinnschwelle erreichen, also am Ende bei +-0 liegen.

Ein Optionsschein mit einem Aufgeld von 10% ist für Sie tatsächlich nur dann interessant, wenn Sie dem Basiswert eine Kurssteigerung um 15, 20 oder noch mehr Prozent zutrauen.

Das Aufgeld zeigt Ihnen aber nicht nur an, ob ein Optionsschein als Kaufkandidat in Frage kommt. Mit der Kennzahl „Aufgeld pro Jahr“ können Sie verschiedene Optionsscheine vergleichen.

Auf bekannte Aktien wie Siemens gibt es über 100 verschiedene Optionsscheine. Ein Kriterium, um den besten Optionsschein herauszufiltern, ist das Aufgeld pro Jahr. Dabei wird das vorher beschriebene Aufgeld auf Jahresbasis umgerechnet. Die Frage lautet dann: Um wie viel Prozent muss der Basiswert innerhalb eines Jahres steigen, damit die Gewinnschwelle erreicht wird?

Mit diesem Trick können Sie unterschiedlich ausgestattete Optionsscheine vergleichbar machen (wobei das Aufgeld pro Jahr ein sehr wichtiges, aber nicht das einzige Kriterium ist). Es gilt: Je niedriger das Aufgeld, umso besser.

3) Hebel

Die Hebel-Wirkung macht den Reiz des Optionsscheins gegenüber einer Aktie oder eines Indizes aus. Der Grundeffekt des Hebels ist recht einfach: Beim Kauf eines Optionsscheins müssen Sie wesentlich weniger Kapital investieren als beim Direkt-Kauf eines Basiswerts (zum Beispiel einer Aktie). Da Sie auf den gleichen Basiswert setzen, jedoch weniger Kapital investieren, profitieren Sie überproportional von einer Kurssteigerung. Leider gibt es 2 Hebel-Begriffe, sodass es leicht zu fehlerhaften Berechnungen kommen kann.

a) Theoretischer Hebel

Der theoretische Hebel gibt an, um wievielmal mehr der Optionsschein bei einem konstanten Aufgeld (!) steigt oder fällt, wenn der Basiswert um 1% steigt.

$$\text{Theoretischer Hebel} = \frac{\text{Kurs Basiswert}}{\text{Optionsscheinpreis x Bezugsverhältnis}}$$

Beispiel: Steigt eine Aktie um 5%, und der betreffende Optionsschein hat einen Hebel von 3, steigt der Optionsschein um 15%. Die Aussagekraft dieses Hebels ist aber sehr gering, denn: Das Aufgeld bleibt fast nie konstant.

Um das zu veranschaulichen, möchte ich Ihnen ein Praxisbeispiel aus meiner Redaktionssprechstunde schildern. Ein Leser rief mich an und bat mich um eine Analyse eines Optionsscheins. Basiswert war der Skandalwert EM TV.

Die Aktie hatte sich von 1€ auf 2 € verdoppelt, und der Optionsschein hatte einen theoretischen Hebel von 7. Bei einer Kursverdopplung der Aktie hätte der Optionsschein sogar um 700% zulegen müssen; so die Überlegung des Lesers. Jedoch: Der Optionsschein bewegte sich nicht einmal um einen Cent.

Die Lösung war das hohe Aufgeld. Der Optionsschein wurde mitten in der Boomphase auf den Markt gebracht und hatte einen Basispreis von 80 € (die EM TV-Aktie kostete 1999 fast 100 €).

Ich musste daher den Leser enttäuschen: Der Optionsschein wird sich nur dann bewegen, wenn die Aktie zumindest ansatzweise Richtung 80 € marschiert. Eine Verdopplung von 1 € auf 2 € verpufft dagegen.

Der theoretische Hebel kann daher sehr irreführend sein, wenn zwischen dem Aktien-Kurs und dem Basispreis des Optionsscheins eine große Differenz ist.

b) Omega-Hebel

In den Eil-Mitteilungen des „Übernahme-Gewinners“ finden Sie daher grundsätzlich nur die aussagekräftige Kennzahl Omega-Hebel. Diese Kennzahl gibt die tatsächliche Hebel-Leistung des Optionsscheins an. Das Omega gibt an, um welchen Prozentsatz sich der Kurs des Optionsscheins bei einer Kursbewegung des Basiswerts um 1% verändert.

Das Ergebnis ist wesentlich genauer, weil hier zusätzlich das „Delta“ berücksichtigt wird.

Omega Hebel = Delta x theoretischer Hebel

Praxisbeispiel: Deutsche Telekom	
Aktienkurs Dt. Telekom	10,00 €
Basispreis	8,00 €
Optionsscheinkurs	0,50 €
Bezugsverhältnis	1:10 (0,1)
Delta	0,85
Theoretischer Hebel	$\frac{(10 \times 0{,}1)}{0{,}50} = 2$
Omega	0,85 x 2 = 1,7

4) Delta

Die Kennzahl „Delta" zeigt Ihnen an, wie sich der Preis des Optionsscheins entwickelt, wenn sich der aktuelle Kurs des Basiswerts um eine Einheit ändert.

Beispiel: Ein Kauf-Optionsschein auf die Telekom-Aktie mit einem Delta von +0,5 wird bei einem Anstieg der Telekom-Aktie um 1 € theoretisch um 0,50 € gewinnen (sollte das Bezugsverhältnis nicht bei 1:1 liegen, müssen Sie den Delta-Wert mit dem Bezugspreis multiplizieren).

Bei Kauf-Optionsscheinen (Call) bewegen sich die Delta-Werte zwischen 0 und +1 (bzw. 0% und 100%), bei Verkaufs-Optionsscheinen (Put) zwischen –1 und 0 (bzw. –100% und 0%).

Die Wichtigkeit des Delta erkennen Sie an folgender Faustformel:

Delta = Ausübungswahrscheinlichkeit.

Das bedeutet, dass Sie bei einem Delta von 1 mit sehr großer Wahrscheinlichkeit davon ausgehen können, dass der Kurs des Basiswerts am Ende über dem Basispreis liegt, Sie die Option also auch ausüben können.

Beispiel: Die Telekom-Aktie notiert aktuell bei 10 €, der Basispreis liegt nur bei 5 €. Die Wahrscheinlichkeit, dass die Telekom-Aktie unter 5 € fällt, ist sehr gering. Daher wird die Kennzahl Delta fast bei 1 (100%) liegen.

Läge der Basispreis dagegen bei 100 €, wäre das Delta fast bei 0, da die Wahrscheinlichkeit, dass die Telekom-Aktie über 100 € steigt, sehr gering ist.

Das heißt für Ihre Auswahl: Je niedriger die Kennzahl Delta, desto höher ist das Risiko. Wie auch der bereits beschriebene Omega-Hebel ist das Delta keine konstante Größe. Bewegungen beim Basiswert, bei der erwarteten Schwankungsstärke (Volatilität) oder bei der Restlaufzeit beeinflussen das aktuelle Delta.

Jetzt zur praktischen Anwendung: Ich habe Ihnen den theoretischen und den Omega-Hebel vorgestellt. Mit der Kennzahl Delta können Sie diese beiden Hebel-Varianten verbinden.

Der theoretische Hebel zeigt Ihnen an, wie viel Optionsscheine (bereinigt um das Bezugsverhältnis) Sie für den Preis des Basiswerts erwerben können. Es ist also die Messzahl für Ihren Kapitaleinsatz. Formel theoretischer Hebel:

Mit den Kennzahlen Delta und theoretischer Hebel können Sie jetzt den eigentlichen Hebel, der Ihnen die reale Hebel-Wirkung anzeigt, den Omega-Hebel, ermitteln. Ein Omega-Hebel von 3 bedeutet zum Beispiel, dass der Optionsschein um 12% steigt, wenn der Basiswert um 4% steigt.

5) Innerer Wert und Zeitwert

Der Kurs eines Optionsscheins besteht aus 2 Bestandteilen: dem inneren Wert und dem Zeitwert. Der innere Wert zeigt Ihnen an, wie viel Ihr durch den Optionsschein erworbenes Optionsrecht wert ist, wenn Sie es jetzt genau in diesem Augenblick ausüben würden.

Der Zeitwert ist dagegen eine Art „Hoffnungswert" (aus Ihrer Sicht) oder auch „Risikoprämie" (aus Sicht der Bank). Die Banken bieten Ihnen die Optionsscheine nämlich nicht zum aktuellen Wert an, sondern verlangen als Gegenleistung für die Hebel-Wirkung einen Preis-Aufschlag.

Den inneren Wert eines Optionsscheins können Sie aus der Differenz zwischen dem aktuellen Kurs des Basiswerts und dem Basispreis berechnen. Die Formel bei einem Kauf-Optionsschein (Call) lautet:

$$\text{Innerer Wert} = \frac{\text{Kurs Basiswert-Basispreis}}{\text{Bezugsverhältnis}}$$

Beispiel: Deutsche Telekom	
Basiswert	**Dt. Telekom**
Aktueller Kurs Basiswert	**10,00 €**
Basispreis	**8,00 €**
Bezugsverhältnis	**1:1**
Innerer Wert	**10-8=2 €**

Der innere Wert zeigt Ihnen an, dass Sie, falls Sie die Option heute zum aktuellen Kurs ausüben würden, die Telekom-Aktie mit Hilfe des Optionsscheins 2 € günstiger erwerben können als beim direkten Kauf der Aktie über die Börse. Das Optionsrecht hat damit mindestens einen Wert von 2 €.

Optionen mit einem inneren Wert bezeichnet man als Option „im Geld". Notiert der Aktienkurs bei einem Call unter dem Basispreis, befindet sich die Option „aus dem Geld", weil der Optionsschein es dem Investor nicht erlaubt, die Aktie „mit Gewinn" zu kaufen. Befindet sich der Aktienkurs in der Nähe des Basispreises, spricht man von einer Option „am Geld".

Fachbegriffe über den inneren Wert von Optionsscheinen, wie sie in Optionsschein-Listen auftauchen		
	Call	**Put**
Kurs des Basiswerts > Basispreis	**Im Geld** **In the money**	**Aus dem Geld** **Out of the money**
Kurs des Basiswerts = Basispreis	**Am Geld** **At the money**	**Am Geld** **At the money**
Kurs des Basiswerts < Basispreis	**Aus dem Geld** **Out of the money**	**Im Geld** **In the money**

Diese Begriffe beschreiben das Verhältnis des Optionskurses zum Basispreis (beispielsweise einer Aktie). Kaufen Sie Optionsscheine „im" oder „am Geld": Diese Optionsscheine sind deutlich sicherer. Falls ein empfohlener Optionsschein deutlich „aus dem Geld" liegt, werde ich das ausführlich begründen, damit Sie das Risiko besser einschätzen können. Der innere Wert ändert sich, wenn sich der Basispreis ändert. Bei einem Call steigt der innere Wert, wenn der Basiswert (etwa eine Aktie) steigt. Bei einem Put ist es umgekehrt.

Beispiel:
Ein Call und ein Put auf eine Aktie mit Basispreis von 90 € und einem Bezugsverhältnis von 100:1.

Kurs in Euro	Inner Wert Call	Innerer Wert Put
60	0	0,30
70	0	0,20
80	0	0,10
90	0	0
100	0,10	0
110	0,20	0
120	0,30	0

Falls Sie einen solchen Kauf-Optionsschein auf die Aktie kaufen, sind Sie bei einem Kurs von mehr als 90 € mit dem „inneren Wert" im Plus. Steigt die Aktie weiter, gewinnen Sie überdurchschnittlich. Der Kurs der Aktie liegt 10 € über dem Optionsrecht bei 90 €. 10 € Bezugsverhältnis 1:100 (1 Aktie für 100 Optionsscheine) = 0,10 € „innerer Wert" des Optionsscheins.

Das Beispiel zeigt, wie sich der innere Wert verändert. Dabei können Sie die Hebel-Wirkung gut erkennen: Bei einem Kurs von 100 € besitzt der Call einen inneren Wert von 10 Cent. Steigt die Aktie um 10% auf 110 €, verdoppelt sich der innere Wert des Calls. Damit beträgt der Hebel bei einem Aktien-Kurs von 100 € genau 10 (wegen der Verzehnfachung des Optionsscheingewinns gegenüber dem Aktiengewinn).

Die Emissionsbank wird Ihnen den Optionsschein jedoch nicht für 5 € anbieten. Als Gegenleistung für die Vorteile des Optionsscheins (geringer Kapitaleinsatz und Hebel-Wirkung) verlangt sie eine Risikoprämie.

Aus Sicht des Anlegers ist das dagegen eine Art „Hoffnungswert". Sie sind von der zukünftigen Aufwärtsbewegung des Basiswerts überzeugt und bezahlen einen höheren Preis, um von dieser Bewegung durch den Optionsschein überproportional profitieren zu können. Sie hoffen also, dass der innere Wert des Optionsscheins noch deutlich steigt.

Beispiel: Deutsche Telekom	
Basiswert	**Dt. Telekom**
Aktueller Kurs Basiswert	**10,00 €**
Basispreis	**8,00 €**
Bezugsverhältnis	**1:1**
Innerer Wert	**10-8=2 €**
Kurs Optionsschein	**3,00 €**

In diesem Beispiel liegt der innere Wert bei 2 € (wie oben ausgerechnet), der Optionsschein kostet Sie jedoch 3 €. Den Zeitwert eines Kauf-Optionsscheins berechnen Sie jetzt mit der Formel:

Zeitwert = aktueller Kurs Optionsschein - innerer Wert

Zeitwert: 1 = 3 – 2

Der Zeitwert von 1 € zeigt Ihr aktuelles Risiko an. Wenn der Optionsschein heute fällig würde, müssten Sie mit einem Verlust von 1 € rechnen. Denn es gilt: Der Zeitwert sinkt während der Laufzeit und erreicht am Tag der Fälligkeit (Laufzeitende) einen Wert von 0. Am Tag der Fälligkeit zählt also nur noch der innere Wert.

Die Emissionsbank berechnet diesen Zeitwert nicht willkürlich, sondern berücksichtigt 3 Faktoren: Restlaufzeit des Optionsscheins, erwartete Schwankungsstärke (implizite Volatilität) und Zinsniveau. Grob vereinfacht lässt sich sagen: Je stärker der Basiswert schwankt, desto höher wird die Risikoprämie (der Zeitwert) ausfallen.

Mein Tipp: Verkaufen Sie Ihre Optionsscheine rund 3 Monate vor Laufzeitende. Der Zeitwert sinkt nämlich nicht linear sondern speziell in der Schlussphase überproportional stark.

6) Theta

Wie im Punkt 5 erwähnt: Der Wert eines Optionsscheins besteht aus dem „inneren Wert" und dem „Zeitwert". Da die Laufzeit der klassischen Optionsscheine zeitlich begrenzt ist, nimmt der Zeitwert von Tag zu Tag ab. Es ist aber nicht so, dass der Zeitwert jeden Tag gleichmäßig abnimmt. Es gilt leicht vereinfacht: Je geringer die Restlaufzeit, desto stärker wird der Zeitwertverfall.

Die Kennzahl, die diesen Zeitwertverfall misst, heißt „Theta". Das Theta zeigt Ihnen an, wie viel ein Optionsschein bei ansonsten unveränderten Einflussgrößen im Zeitablauf an Wert verliert.

In den meisten Fällen wird das „Wochen-Theta" angegeben. Ein Wochen-Theta von 0,15 bedeutet zum Beispiel, dass der Optionsschein bei einem Bezugsverhältnis von 1:1 zum jetzigen Zeitpunkt 0,15 € pro Woche an Wert verliert. Beim „Tages-Theta" wird der Zeitwertverlust für einen Tag angezeigt. Die Kennzahl kann jedoch auch in Prozent angegeben werden. In diesem Fall bedeutet ein Theta von 5%, dass der Optionsschein in einer Woche 5% an Zeitwert verliert. Der oben beschriebene überproportionale Zeitwertverlust in den letzten Tagen des Optionsscheins hat für die Optionsschein-Auswahl ganz handfeste Auswirkungen.

Einige Monate vor dem Laufzeitende rate ich zum Ausstieg. Das hat 2 Gründe: Zum einen haben Sie dann einen zeitlichen Puffer und zum anderen beeinträchtigt der Zeitwertverlust nur minimal Ihr Ergebnis.

Als grobe Faustformel gilt: Rund 3 Monate vor dem Laufzeitende sollten Sie den baldigen Verkauf Ihrer Optionsscheine planen. Ein Ausreizen bis zum Laufzeitende kommt nur dann in Frage, wenn Sie kurzfristig mit einer sehr starken Kursbewegung rechnen, die stärkere positive Auswirkungen hat als der drohende Zeitwertverlust.

In 7 Schritten zum passenden Optionsschein

Schritt 1: Wählen Sie einen aussichtsreichen Basiswert (zum Beispiel eine Aktie oder einen Aktien-Index) aus

Der hohe Hebel oder das niedrige Aufgeld können noch so verlockend sein. Wenn sich der ausgesuchte Basiswert nicht in die gewünschte Richtung bewegt, können Sie mit einem Optionsschein kein Geld verdienen. Zäumen Sie das Pferd daher nicht von hinten auf.

Suchen Sie erst einen Basiswert, der Ihrer Meinung nach deutliches Kurspotenzial besitzt. Setzen Sie nur auf einen Optionsschein, wenn Sie fest von einer starken Kursbewegung des Basiswerts überzeugt sind.

Schritt 2: Legen Sie ein Kursziel für den ausgesuchten Basiswert fest

Wenn Sie eine aussichtsreiche Aktie als Basiswert gefunden haben, müssen Sie sich überlegen, welches Kursziel die Aktie in einem bestimmten Zeitraum erreichen kann. In der Praxis hat sich gezeigt, dass Bauchentscheidungen („Die Aktie könnte in den nächsten Wochen ganz gut laufen“) nicht sehr erfolgreich sind.

Schritt 3: Suchen Sie den Optionsschein aus, der optimal zur geplanten Anlagedauer und zum Kursziel passt

Vor dem Kauf eines passenden Optionsscheins sollten Sie eine Vorstellung haben, wie weit der Basiswert in der von Ihnen erwarteten Zeitspanne steigen (bei einem Call) oder fallen (bei einem Put) wird. Das erleichtert Ihnen die Auswahl. Gewisse Filter sind wichtig, um die sehr große Anzahl der möglichen Optionsscheine einzugrenzen.

Beispiel:
Es gibt auf den deutschen Versicherer Allianz zur Zeit über 1.000 verschiedene Optionsscheine. Wenn Sie der Allianz-Aktie auf Sicht von 12 Monaten ein Kursziel von 150 Euro zutrauen, scheiden bei der Auswahl alle Optionsscheine aus, deren Gewinnschwelle (break even) über 150 Euro liegt. Da Sie erst ab der Gewinnschwelle Geld verdienen, sollten Sie sogar noch einen Puffer einbauen. Beim oben genannten Allianz-Beispiel wäre daher eine Gewinnschwelle von 145 Euro ein denkbarer Oberwert.

Schritt 4: Beachten Sie die Volatilität

Ist die erwartete Schwankungsstärke (implizite Volatilität) bei dem ausgesuchten Basiswert zu hoch, wird der Optionsschein (zu) teuer. Wenn es an den Börsen donnert, erhöhen die Banken oft die Risikoprämien. In diesen Zeiten lohnt sich eher der Einsatz von Hebel-Zertifikaten, weil hier die Schwankungserwartungen nicht in den Preis einfließen. **Meine Empfehlung: Verzichten Sie für eine gewisse Zeit auf Optionsscheine, wenn die Schwankungen zu stark sind.**

Schritt 5: Setzen Sie ein Kursziel für Ihren Optionsschein

Dieser Schritt wird oft missverstanden. Ich meine damit nicht, dass Sie einen Optionsschein sofort verkaufen sollten, sobald das Kursziel erreicht ist. Wenn möglich, sollten Sie den Kurs Ihres Optionsscheins jeden Tag kontrollieren. Erreicht der Schein das angestrebte Kursziel, empfehle ich Ihnen eine intensive Analyse.

Die Untersuchungsfrage lautet: Ist der Kurs jetzt ausgereizt, oder gibt es neue Fakten (zum Beispiel sehr gute Geschäftszahlen oder neue Aufträge), die für weiter steigende Kurse sprechen? Wenn keine neuen Informationen vorliegen, bietet sich ein Verkauf an. Sind dagegen positive Fakten aufgetaucht, können Sie den Schein weiter halten.

Schritt 6: Begrenzen Sie mögliche Verluste

Setzen Sie direkt nach dem Kauf des Optionsscheins eine erste Stop-Loss-Marke. So begrenzen Sie mögliche Verluste. Je nach Höhe des Hebels, der Marktsituation und der persönlichen Risikoneigung kann der Puffer (Abstand aktueller Kurs zur Stop-Loss-Marke) bei 20% bis 30% liegen.

Schritt 7: Setzen Sie niemals alles auf einen Optionsschein

Ich empfehle Ihnen für Hebel-Instrumente (Optionsscheine und Hebel-Zertifikate) einen maximalen Depot-Anteil von 10% (selbst nach starken Kursgewinnen der Optionsscheine sollte die Quote nicht über 20% steigen). Verteilen Sie dieses „Risiko-Kapital“ stets auf mehrere Optionsscheine.

Die Skandale der vergangenen Jahre haben gezeigt, dass selbst ein scheinbar so konservatives Unternehmen wie der niederländische Handelskonzern Ahold in kürzester Zeit dramatisch an Wert verlieren kann. Egal wie gut die veröffentlichten Daten (Gewinn, Eigenkapital etc.) sind, es gibt keinen absolut sicheren Basiswert. Risikostreuung ist daher auch bei der Optionsschein-Auswahl oberstes Gebot.

Als Obergrenze empfehle ich Ihnen eine Summe von maximal 3.000 Euro je Position. Bis zu dieser Grenze können Sie an der Börse Stuttgart jederzeit Optionsscheine zu angemessenen Konditionen kaufen und verkaufen.

In welchen Situationen Optionsscheine und in welchen Hebel-Zertifikate besser sind

Optionsscheine und Hebel-Zertifikate können eine sinnvolle Ergänzung zu Ihren Aktien- und Fondsinvestments sein. Zum einen können Sie damit Teile Ihres Depots absichern, zum anderen können Sie Ihre Rendite damit hebeln.

!

Aber aufgepasst: Optionsscheine und Hebel-Zertifikate sind mit höheren Risiken behaftet. Wie Sie erfolgreich damit handeln, lesen Sie in diesem Abschnitt.

Der Preis eines Optionsscheins hängt nicht nur von der Entwicklung des Basiswerts und des Hebels ab. Ein wesentlicher Preisbestandteil ist – wie bereits an anderer Stelle beschrieben – die erwartete Schwankungsstärke (implizite Volatilität).

Leicht vereinfacht gilt folgender Grundsatz: Je stärker die erwarteten Schwankungen des Basiswerts (das kann eine Aktie oder auch ein Aktien-Index sein), desto teurer wird der Optionsschein.

Daraus ergibt sich ein interessanter Schluss, den die meisten Ratgeber in Magazinen schlicht übersehen und deshalb falsch liegen: Wenn es an der Börse wie im Frühjahr 2009 richtig stürmisch wird, lohnt sich der Kauf von Optionsscheinen kaum noch, weil diese zu teuer sind.

Die Banken nennen das „Risikoprämie“. Besser ist es, Optionsscheine zu kaufen, wenn die Schwankungen gering sind und zukünftig wieder zunehmen werden, weil die Risikoprämie beim Kauf des Scheins noch gering ist.

In ruhigen Phasen Optionsscheine, in stürmischen Zeiten Hebel-Zertifikate

Nehmen wir an, Sie investieren jetzt in einen langlaufenden Kauf-Optionsschein (englisch auch „Marathon-Warrant" genannt) auf den DAX. Wählen Sie bewusst eine möglichst lange Laufzeit, damit Sie den erwarteten Anstieg des V-DAX bis zum Gipfel ausnutzen können.

Dann sind 2 Szenarien denkbar:

Szenario 1: Der DAX steigt deutlich

Falls der DAX sprunghaft anssteigt, entfaltet sich eine doppelte Hebel-Wirkung. Zum einen sorgt der Hebel (Omega) für überproportionale Kursgewinne, zum anderen katapultiert die steigende Volatilität (Schwankungsbreite) den Kurs des Optionsscheins noch weiter nach oben.

Szenario 2: Der DAX bricht noch einmal ein

Sollte der DAX jedoch bei einer schwächeren Konjunkturentwicklung als zur Zeit angenommen oder wegen eines Terroranschlags einbrechen, hätten Sie eine Art Sicherheitspuffer.

Stark fallende Kurse würden den Kauf-Optionsschein ins Minus ziehen, die steigende Volatilität wäre jedoch ein Gegengewicht und würde die Verluste abbremsen.

Dieser doppelte Vorteil ist der wichtigste Grund, warum ich Ihnen manchmal langlaufende Optionsscheine und keine Hebel-Zertifikate ohne Laufzeitbeschränkung empfehle. Bei Hebel-Zertifikaten hat die erwartete Schwankung keinen Einfluss auf den Zertifikate-Preis.

Einige Emissionsbanken feiern das großspurig als Durchbruch im Segment der Hebel-Produkte. Und tatsächlich: Einfacher zu berechnen sind die Hebel-

Zertifikate. Sie brauchen nur den Basispreis und den aktuellen Kurs der Aktie oder des Indizes und schon können Sie mit einer einfachen Rechnung den Kurs Ihres Zertifikats berechnen.

Bei einem Optionsschein benötigen Sie dagegen eine komplizierte Formel, die die erwartete Schwankungsstärke, die Kursbewegung, das Zinsniveau und die Dividendenhöhe berücksichtigt.

Um Ihnen zu demonstrieren, wie stark ein einzelner Faktor wie die erwartete Schwankungsstärke (implizite Volatilität) den Kurs eines Optionsscheins beeinflusst, folgt ein Kalkulationsbeispiel:

Auswirkung Volatilität:
DAX bleibt gleich – Kurs verändert sich um 50%
Welche Auswirkungen die erwartete Schwankungsstärke auf den Kurs des Optionsscheins hat: Je höher die Schwankungsstärke, desto teurer der Optionsschein.

DAX-Basispreis des Optionsscheins			
Volatilität	5.300	5.800	6.300
15%	7,00 €	3,44 €	1,32 €
25%	7,93 €	4,93 €	2,87 €
35%	9,12 €	6,45 €	4,46 €
45%	10,40 €	7,96 €	6,05 €
55%	11,72 €	9,47 €	7,63 €

Fiktive Optionsscheinkurse bei einem DAX-Stand von 5.800 Punkten, einem allgemeinen Zinsniveau von 5% und einem Jahr Restlaufzeit (Quelle: Goldman Sachs)

Musterrechnung anhand der oben abgebildeten Tabelle: Ein DAX-Optionsschein mit dem Basispreis 5.800 kostet bei einer erwarteten Schwankungsstärke von 15% und einem Index-Stand von 5.800 Punkten 3,44 €. In den vergangenen Jahren lag die durchschnittliche Schwankungsstärke des DAX jedoch mit rund 25% wesentlich höher.

Wenn jetzt alle Kennzahlen gleich bleiben und nur die extrem niedrige Schwankungsstärke von 15% auf den alten Durchschnittswert von 25% steigt, springt der Optionsscheinkurs von 3,44 auf 4,93 €. Das ist ein Anstieg von knapp über 43%.

Und bedenken Sie: Der Basiswert, also der DAX, hat sich in dieser Musterrechnung gar nicht bewegt. Der gesamte Gewinn von 43% resultiert ausschließlich aus der erhöhten Schwankungserwartung. Sollte sich dann noch der Basiswert in die von Ihnen gewünschte Richtung bewegen, erhalten Sie einen zusätzlichen Gewinnhebel.

Entscheidend bei dieser Strategie ist der optimale Einstiegszeitpunkt. Die besten Rendite-Chancen erreichen Sie, wenn Sie einen Basiswert mit einer erwarteten Schwankungsstärke (implizite Volatilität) von unter 20% auswählen.

Bei Hebel-Zertifikaten stellt sich Ihnen die Frage des optimalen Einstiegszeitpunktes erst gar nicht. Die einfache Handhabung ohne Berücksichtigung der Volatilität ist ohne Frage eine Vereinfachung. „Einfach“ bedeutet jedoch nicht immer „besser“. Viel wichtiger ist, welches Instrument Ihnen in der jeweiligen Situation die optimale Rendite-Chance bietet.

Wie Sie langlaufende Optionsscheine und Hebel-Zertifikate ohne Laufzeitbeschränkung vergleichen

Zertifikate

Neben den herkömmlichen Optionsscheinen hat sich inzwischen eine neue Generation von Hebel-Produkten etabliert, die sogar noch einen Hauch spekulativer sind: Die Knock-out-Produkte. Sie finden diese unter Namen wie Turbo, Turbo Bull/Bear oder auch Wave.

Der Unterschied zu Optionsscheinen: Diese Derivate besitzen eine Knock-out-Schwelle, die sich in der Nähe des Basispreises befindet. Wird diese Schwelle durch den Basiswert berührt oder durchschritten, tritt sofort der Knock-out ein. Das bedeutet für Sie, dass der Schein sofort wertlos verfällt oder bestenfalls ein Restbetrag ausbezahlt wird.

Knock-out-Produkte haben gegenüber den klassischen Optionsscheinen einige Vorteile:

- **Die Volatilität hat kaum einen Einfluss auf den Preis. Der Preis ist somit einfacher für Sie zu kalkulieren.**
- **Der Hebel bleibt während der Laufzeit konstant.**
- **Der Zeitwert baut sich linear ab.**
- **Der Hebel ist oft höher, die Chancen größer.**

Den Vorteilen steht allerdings der entscheidende Nachteil des größeren Risikos für Ihr Depot gegenüber. Ein „Comeback“ nach dramatischen Kursverlusten ist hier nicht möglich. **Knock-out-Produkte eignen sich daher nur für sehr kurzfristige Spekulationen, etwa über wenige Tage.**

Auch in Zeiten einer sehr hohen Volatilität, wie Ende 2008/Anfang 2009, sind sie eine interessante Alternative für Sie. Optionen und Optionsscheine sind genau dann sehr teuer.

Falls Sie über mehrere Wochen oder Monate in Knock-out-Produkte investieren wollen, wählen Sie – wie ich es auch bei meinen Empfehlungen mache – ein Produkt aus, bei dem die Knock-out-Schwelle weit vom aktuellen Kurs entfernt ist. So erhöhen Sie Ihre Sicherheit drastisch.

Zertifikate und Optionsscheine im Vergleich

Mit dem Kauf eines Optionsscheins erwerben Sie das Recht, zu einem genau definierten Termin beispielsweise eine bestimmte Menge Aktien (Basiswert) zu einem vorher festgelegten Preis kaufen (Call) oder verkaufen (Put) zu dürfen.

Hebel-Zertifikate haben eine ähnliche Funktionsweise. Zertifikate auf steigende Kurse werden „Hebel-Zertifikat long“, die auf fallende Kurse „Hebel-Zertifikat short“ genannt.

Neben den oben bereits geschilderten Unterschieden bei der Berechnung von Optionsscheinen und Hebel-Zertifikaten (speziell die unterschiedliche Berücksichtigung der erwarteten Schwankungsstärke) gibt es noch weitere wichtige Unterschiede, die für Ihre Entscheidung zwischen diesen Wertpapieren wichtig sind:

- Hebel-Zertifikate besitzen eine sogenannte „Knock-out-Barriere“. Berührt der Basiswert die festgelegte Kursmarke auch nur ein einziges Mal, verfällt das Zertifikat sofort wertlos. Optionsscheine laufen dagegen immer bis zum Tag der Fälligkeit. Selbst nach schwersten Kurseinbrüchen von über 90% kann der Optionsschein-Käufer noch hoffen, dass sich der Kurs wieder erholt. Voraussetzung ist, dass eine ausreichend lange Laufzeit (möglichst mehrere Jahre) gewählt wurde.

Optionsscheine, die nur wenige Monate laufen, eignen sich dagegen nur für riskante Kurzfristspekulationen.

- Bei einem Optionsschein verändert sich der Hebel (Omega). In der Praxis können Sie eine einfache Faustformel verwenden: Je weiter der Optionsschein in die Gewinnzone kommt, desto geringer wird die Hebel-Wirkung. Bei einem Hebel-Zertifikat wird der Hebel mit dem Kaufvorgang quasi eingefroren.

  Wenn Sie heute ein Zertifikat mit dem Hebel 4 kaufen, behalten Sie diese Hebel-Wirkung bis zum Verkauf. Falls Sie erst morgen kaufen, hat das Zertifikat vielleicht nur noch eine Hebel-Wirkung von 3,8. Aber auch dann gilt: Ab dem Kaufvorgang wird dieser Hebel für Ihre Investition eingefroren.

- Es gibt 2 Arten von Hebel-Zertifikaten: Mit fester Laufzeit (meistens relativ kurze Zeiträume) und ohne Laufzeitbeschränkung („open end“ genannt). Die Zertifikate ohne Laufzeitbeschränkung ermöglichen Ihnen einen langfristigen Einsatz.

Diesen Vorteil gibt Ihnen die Bank aber nicht gratis: Bei diesen Zertifikaten werden Basispreis und Knock-out-Barriere in festgelegten Abständen (zum Beispiel am 1. eines jeden Monats) von der Bank verändert, etwa jeweils nach oben verschoben.

Bei stagnierenden Kursen rückt die gefährliche Knock-out-Barriere dann immer näher, das Risiko steigt. Bei einem Optionsschein bleibt der Basispreis dagegen bis zum Laufzeitende konstant.

Fazit: Optionsscheine und Hebel-Zertifikate haben Vor- und Nachteile. Es gibt kein Instrument, das immer besser ist. Die jeweils beste Wahl, ob ein Optionsschein oder doch ein Hebel-Zertifikat besser geeignet ist, nehme ich für Sie vor.

Bei jeder Empfehlung entscheide ich mich eindeutig – je nach Situation – für ein Instrument. Bei Ihren eigenen Investitionsideen können Sie anhand der Kriterien nun einfacher entscheiden, was für Sie in Frage kommt.

Über den Chefredakteur

Chef-Analyst Tobias Schöneich ist Experte in Sachen Übernahmen und Mittelstands-Aktien. Sein Wissen teilt er mit seinen Lesern nicht nur im „Übernahme-Gewinner“, sondern auch im Börsendienst „Das Mittelstands-Depot“.

Schon während des Studiums der Betriebswirtschaftslehre entwickelte Tobias Schöneich ein großes Interesse für Investitions- und Finanzierungsfragen von Unternehmen. Vor allem die Besonderheiten familiengeführter Mittelständler und von Übernahmekandidaten zogen ihn in seinen Bann. Nicht zuletzt, weil er aus einer Familie stammt, in der das Unternehmertum seit jeher eine große Rolle spielt.

Schöneich vertiefte sich immer weiter in die Materie und wurde nach und nach zu einem Experten auf seinem Gebiet. Nach seinem erfolgreich absolvierten Studium arbeitete der Hanseat bei einem der größten Börsenverlage Europas.

Als er sich als freiberuflicher Analyst und Finanzjournalist selbstständig machte, kam er in Kontakt mit dem renommierten Analysten Rolf Morrien, mit dem er seitdem eine enge Zusammenarbeit pflegt.

Über den Verlag

Mit mehr als 25 Jahren Erfahrung in unabhängiger und konkreter Anlageberatung sind wir bestens gerüstet, Ihr Vermögen zu beflügeln. Seit 1987 schätzen unsere Kunden die qualitativ hochwertigen und unabhängigen Informationen unserer namhaften Experten, die in unserem Fachverlag ein Netzwerk aus über 50 Analysten und Redakteuren bilden – dies unter dem Dach der renommierten Verlag für die Deutsche Wirtschaft AG.

Die Beratungskompetenz unserer Fachleute geht durch alle Finanzbereiche – von festverzinslichen Wertpapieren über Aktien und Hebelprodukte bis hin zu Immobilien. Auch steuerliche und rechtliche Aspekte sowie wirtschaftspolitische Themen beleuchten wir regelmäßig und tiefgründig – mit Hinweisen auf deren Bedeutung für das Vermögen unserer Leser.

Wohlstand aufbauen und sichern

Es geht uns schon immer darum, das Vermögen unserer Kunden zu vermehren und zu sichern – flexibel und auf verschiedenste persönliche Bedürfnisse ausgerichtet.

Dabei sind wir nur unseren Kunden verpflichtet und absolut unabhängig von Banken und anderen Finanzunternehmen.

Euro, Dollar & Co.

Wir haben keine eigenen Finanzprodukte – anders als Banken, die z. B. ihre eigenen Fonds verkaufen wollen. Auch sind wir nicht abhängig von Werbegeldern und verdienen keine Provisionen, wenn wir bestimmte Instrumente empfehlen. Unsere geldwerten

Informationen, wie Börsenbriefe, Traderdienste und Finanznachrichten, publizieren wir sowohl in gedruckten Medien als auch in elektronischer Form im Internet und über E-Mail-Newsletter. Dabei unterliegen sämtliche Dienste strengen Qualitätskontrollen und einer unabhängigen Prüfung durch eine Wirtschaftsprüfungsgesellschaft.

Unabhängigkeit und Kompetenz führen dazu, dass unsere Kunden mit den von uns empfohlenen Kapitalanlagen den jeweiligen Vergleichsindex deutlich schlagen - anders, als das bei den meisten Anlageinstituten und Fonds der Fall ist.

Besuchen Sie uns auf

www.GeVestor.de

Bibliografische Information der Deutschen Bibliothek
Die Deutsche Bibliothek verzeichnet diese Publikation
in der Deutschen Nationalbibliografie;
detaillierte bibliografische Daten sind im Internet
über http://dnb.ddb.de abrufbar

Impressum

Der Übernahme-Gewinner © 2020 by GeVestor Financial Publishing Group
Theodor-Heuss-Straße 2–4 · 53177 Bonn
Telefon +49 228 955 0185· Telefax +49 228 3696010

info@gevestor.de · www.gevestor.de

Chefredakteur: Tobias Schöneich (v.i.S.d.P.)
Satz: Isabella Morrien, Rheinbrohl/ce redaktionsbüro, Heinsberg
Umschlagmotiv: Isabella Morrien, Rheinbrohl
Druck: Beltz Bad Langensalza GmbH, Bad Langensalza

ISBN 978-3-8125-1912-0

GeVestor ist ein Unternehmensbereich
der Verlag für die Deutsche Wirtschaft AG
Vorstand: Richard Rentrop · USt.-ID: DE 812639372
Amtsgericht Bonn, HRB 8165

Redaktionssprechstunde
Mittwoch 11–12 Uhr
Telefon: 0180 3312001